ÉTUDE

SUR LA

TAXE MILITAIRE

THÈSE POUR LE DOCTORAT

Présentée et soutenue
Le Samedi 22 Avril 1899, à 10 heures

PAR

FERNAND LAFFARGE

Rédacteur à la Préfecture de la Seine

PARIS

LIBRAIRIE NOUVELLE DE DROIT ET DE JURISPRUDENCE

ARTHUR ROUSSEAU, ÉDITEUR

14, RUE SOUFFLOT ET RUE TOULLIER, 13

1899

THÈSE

POUR LE DOCTORAT

ÉTUDE

SUR LA

TAXE MILITAIRE

THÈSE POUR LE DOCTORAT

L'ACTE PUBLIC SUR LES MATIÈRES CI - APRÈS

Sera soutenu le samedi 22 avril 1899, à 10 heures

PAR

Fernand LAFFARGE

Rédacteur à la Préfecture de la Seine

Président : M. DUCROCQ.

Suffragants : { MM. CHAVEGRIN, ESTOUBLON, } *professeurs.*

PARIS

LIBRAIRIE NOUVELLE DE DROIT ET DE JURISPRUDENCE

ARTHUR ROUSSEAU, ÉDITEUR

14, RUE SOUFFLOT ET RUE TOULLIER, 13

—

1899

AVANT-PROPOS HISTORIQUE

L'impôt créé par la loi du 15 juillet 1889 sous le nom
de taxe militaire, envisagé d'une manière générale au
point de vue de l'idée sur laquelle il repose, constitue
plutôt un mot nouveau qu'une chose entièrement nouvelle.
La prestation en argent remplaçant dans certains cas
le service militaire en nature, est presque aussi ancienne
que le service militaire lui-même ; si l'on peut désigner
par une expression aussi moderne, les obligations de par-
ticiper à la défense commune née du groupement de certaines tribus sous un même chef, et qui remontent
jusqu'au compagnonnage Franc. Cette substitution d'un
sacrifice pécuniaire imposé à celui qui, pour un motif
quelconque, ne participait pas de sa personne à la défense
commune, parut dès l'abord naturelle et juste.

Le premier impôt que nous rencontrions dans cet
ordre d'idées est le « Hériban », ou impôt de guerre ; le
Bannum est un ordre émané de l'autorité légitime, l'Heri-
bannum est l'ordre de marcher contre l'ennemi, auquel
doivent répondre tous les hommes libres. Grégoire de
Tours (1) nous apprend que cette obligation existait
déjà sous les Mérovingiens : « Si quelqu'un, dit la loi des
« Ripuaires, convoqué régulièrement pour le service royal
« soit contre l'ennemi, soit dans tout autre but, ne s'est
« point présenté sans excuse de maladie, il payera 60 sols
« d'amende. »

(1) Grégoire de Tours, liv. V et VII.

— Plus tard, sous Henri II, fut introduite une crue à la taille dite de « Gendarmerie » qui, à partir de 1555, fut perçue sous le nom de « Taillon » et va continuer de figurer jusqu'en 1789 dans notre système fiscal. Les Taillons, il faut bien le reconnaître, ne se rapprochaient guère de la taxe militaire actuelle qu'au point de vue de leur destination, et du but dans lequel ils avaient été créés, pour pourvoir aux « appareils militaires ». A un autre point de vue, et dans leur principe, ils en différaient essentiellement et étaient levés comme tous les autres impôts sur certaines villes ou communautés d'habitants, sans qu'on les considérât comme la compensation d'un service militaire non effectué en nature. Et pourtant ce point de vue ne demeura pas tout à fait étranger à leur établissement ; c'est ainsi qu'en étaient exempts les francs-archers, sorte de milice de fantassins issue des rangs de la Bourgeoisie. Cette exemption explique, peut-être en partie, que la qualité de franc-archer fut fort recherchée au moins au début de leur création.

Si les taillons n'offraient, en somme, qu'une analogie très vague et très incertaine avec la taxe militaire actuelle, nous trouvons en revanche dans l'ensemble des lois relatives à l'organisation militaire depuis 1789, trois institutions qui offrent avec elle des points de comparaison plus sérieux que les impôts de l'ancien régime. Nous voulons parler du remplacement, de l'exonération à prix d'argent, qui n'était qu'une forme particulière du remplacement, et du volontariat d'un an organisé par la loi de 1872.

La loi du 19 fructidor an VI, présentée par le général Jourdan et point de départ de notre législation actuelle sur la formation de l'armée, disposait ; (art. 1er) que tout Français est soldat et se doit à la défense de la patrie ; avant elle l'Assemblée Constituante (décret du 4 mars 1791) avait déjà proclamé le principe fondamental de l'organisation militaire de la France depuis 1789 : l'obligation nationale au service militaire. C'était donc pour tous le service obligatoire. Cependant la faculté de se faire remplacer à prix d'argent, apparut presque immédiatement dans la loi du 28 germinal an VII, et continua de subsister avec des vicissitudes diverses jusqu'à la loi du 27 juillet 1872.

Elle a fonctionné suivant deux systèmes différents, organisés : le premier par la loi du 21 mars 1832, le second par celle du 26 août 1855, abrogée elle-même par la loi du 1er février 1868, présentée par le maréchal Niel, et qui revint au système précédent.

Dans le système du remplacement proprement dit, organisé par la loi de 1832, les jeunes gens appelés à servir choisissaient eux-mêmes leur remplaçant, et le proposaient à l'agrément de l'État qui intervenait seulement pour vérifier les aptitudes physiques et légales de l'individu présenté, mais restait complètement étranger au contrat pécuniaire intervenu entre le remplaçant et le remplacé, et au versement de la somme convenue entre eux.

La loi du 26 août 1855 substitua au remplacement proprement dit l'exonération à prix d'argent ; désormais l'exonéré ne présente plus lui-même son remplaçant ; l'État se charge d'y pourvoir moyennant une prestation pécuniaire dont le montant déterminé d'avance d'après un certain taux était versé à une caisse spéciale dite « Caisse de dotation de l'armée ».

Quoi qu'il en soit de ces deux systèmes différents ; l'exonération se traduisait dans les deux cas par une prestation pécuniaire imposée aux jeunes gens qui échappaient au service militaire ; à ce point de vue elle se rapprochait de la taxe militaire actuelle.

Il en était de même du volontariat d'un an, organisé par

la loi de 1872 (art. 55), qui imposait aux volontaires l'obligation de s'habiller, de s'équiper et de s'entretenir à leurs frais. En fait, cette obligation en nature était remplacée par la prestation d'une somme de 1.500 francs qui au fond constituait une véritable taxe représentative de la faveur dont bénéficiaient les intéressés de ne faire qu'une année de service au lieu de cinq.

Reconnaissons néanmoins que tout en offrant des analogies sérieuses avec la taxe militaire actuelle, les diverses prestations pécuniaires auxquelles étaient assujettis les remplacés, les exonérés et les engagés conditionnels, en différaient profondément quant à leur nature même, et quant à la forme sous laquelle elles étaient perçues.

Quant à leur nature, puisque avant la loi de 1889 ces prestations pécuniaires étaient la cause directe de la dispense totale ou partielle du service militaire non effectué, on était exempté parce que l'on payait; l'exonération actuelle au contraire n'est que le résultat d'une dispense accordée pour d'autres motifs ; on paye parce qu'on est exempté, et la preuve que le payement de la taxe n'est plus la cause *sine qua non* de la dispense, c'est que si l'assujetti ne peut la payer, il n'en continuera pas moins à bénéficier de l'exonération qui lui a été tout d'abord accordée.

En second lieu, la taxe diffère essentiellement quant à la forme des prestations pécuniaires antérieures; lesquelles ne présentaient aucune des règles propres à l'assiette et au recouvrement des impôts directs.

A ce double point de vue la taxe militaire constitue donc une chose absolument nouvelle en France, et pourtant il est curieux de constater que d'autres en avaient eu l'idée avant le législateur de 1889.

C'est ainsi que le général Lamoricière, en 1848, présentait un projet de loi pour l'adoption d'une taxe qui se rapprochait beaucoup de la taxe actuelle.

D'autre part en 1850, M. Vallon, alors préfet de Maine-et-Loire, adressait au ministère de l'Intérieur une lettre conservée dans les archives, et dont le texte présente assez d'intérêt au point de vue du rapprochement qui nous occupe pour que nous croyions devoir la citer : « Il existe « une différence désolante entre le jeune homme utile aux « siens qui amène un mauvais numéro et celui que le « sort favorise. Dans le fait notre législation dit que tout « Français doit sa dette de conscription au pays et cela « n'est pas. Je considère qu'il serait de toute justice que « lorsqu'on obtiendrait un bon numéro, on payât quelque « chose en argent. Cette dette qui pourrait être propor- « tionnelle comme l'impôt serait, je suppose, de 50 à 500 fr.; « se payerait en plusieurs années, serait fixée quant au « taux ou par les Conseils municipaux ou par les répar- « titeurs, ou tout autrement....... on dispenserait les « indigents. »

Mais le projet du général Lamoricière n'eut aucune suite, pas plus d'ailleurs que celui du préfet de Maine-et-Loire, l'un et l'autre étaient complètement tombés dans l'oubli quand les idées qu'ils contenaient, en germe, trou-vèrent leur expression législative dans l'article 35 de la loi du 15 juillet 1889 qui a été successivement et grave-ment modifié depuis par la loi du 26 juillet 1893 et tout récemment par celle du 13 avril 1898.

Nous allons étudier l'œuvre du législateur en la suivant dans les transformations qu'elle a successivement subies; du chef des diverses lois qui se sont succédé, ce procédé permettra d'en mieux saisir l'ensemble, et de préciser l'esprit et la portée des modifications nouvellement intro-duites.

Quant à notre plan, il semble qu'il soit indiqué par la nature même du sujet. L'établissement d'un impôt direct, quel qu'il soit, comporte en effet deux ordres de règles bien distinctes, relatives les unes à l'assiette, les autres au recouvrement de l'impôt.

C'est pourquoi, après avoir posé le principe de la taxe militaire, c'est-à-dire sa raison d'être et son but, nous diviserons notre travail en deux parties principales :

La première relative à l'assiette de la taxe, c'est-à-dire à la détermination des personnes imposables, et des bases de calcul sur lesquelles elle repose, sera de beaucoup la plus importante.

La seconde relative au recouvrement recevra des développements moins étendus, en raison de ce fait que la plupart des règles applicables en l'espèce ne sont point spéciales à la taxe militaire mais bien communes à tous les impôts directs.

En dehors de ces deux parties principales, des chapitres spéciaux traiteront de la législation étrangère, des mesures transitoires édictées par la loi de 1898, et de certaines situations particulières.

Nous essayerons enfin de dégager de cette étude une conclusion qui sera l'objet d'un dernier chapitre.

PRINCIPE DE LA TAXE

La loi du 15 juillet 1889 sur le recrutement de l'armée
augmentait considérablement les effectifs du pied de paix,
créait des primes de rengagements et des hautes payes
d'ancienneté; supprimait le volontariat d'un an et les ressources qui en provenaient; c'était donc d'une part une
augmentation considérable de dépenses, et de l'autre une
diminution de recettes qui allaient grever le budget de
la guerre d'une somme qu'on évaluait alors à une trentaine
de millions.

Il fallait trouver une contre-partie à l'augmentation des
dépenses par la création de recettes nouvelles, la nécessité en était hautement proclamée au Sénat par le rapporteur de la loi de 1889 dans les termes suivants :

« Il faut maintenant, lorsque des dépenses se produiront
« devant nous, qu'à côté de ces dépenses nouvelles nous
« prenions la résolution virile et ferme de créer des res-
« sources correspondantes. »

Et plus loin :

« Il n'y a pas de loi militaire, si bien faite qu'elle soit,
« qui échappe à ce principe un peu brutal que l'argent est
« le nerf de la guerre. Par conséquent, si vous voulez
« faire une loi militaire qui vive, il faut vous préoccuper
« avec beaucoup d'attention des dépenses nouvelles que
« l'application de cette loi va entraîner et des ressources
« que vous pourrez trouver pour la mettre en œuvre. »

La taxe militaire n'est que l'application et la mise en
pratique de cette théorie, elle a eu pour origine et pour

cause le déficit créé dans le budget par l'application de la nouvelle loi de recrutement, et pour but de combler ce déficit.

Tout le monde s'accordait à proclamer la nécessité de ressources nouvelles, les divergences ne s'accusaient très grandes, d'ailleurs, que sur les voies et moyens à employer pour atteindre le but.

Les uns prétendaient qu'il n'y avait pas lieu de créer un impôt spécial pour se procurer les ressources destinées à faire face au supplément de dépenses devant résulter de la loi nouvelle, car l'entretien de l'armée était mani festement une charge qui devait être répartie sur l'en semble des citoyens appelés à profiter tous au même titre dans leur personne et dans leurs biens, de la protection de l'armée. Pour se procurer l'argent nécessaire, il n'y avait qu'à augmenter les impôts existants par l'adoption d'un décime ou demi-décime de guerre ajoutés aux quatre contributions directes. On pouvait encore au besoin trouver un supplément de recettes dans l'augmentation des tarifs afférents aux impôts indirects.

D'autres, tout en adoptant le principe d'une taxe militaire spéciale basée sur la dispense du service actif, prétendaient en élargir considérablement l'assiette, en y soumettant indistinctement tous ceux qui pour une cause quelconque ne seraient pas appelés à accomplir leurs trois années de service actif. Ce système s'est notamment traduit par un amendement présenté et soutenu devant le Sénat par le général Robert. La taxe devait être perçue sous forme de cinq centimes additionnels aux quatre contributions directes, sur tous les citoyens sans distinction d'âge ou de sexe, qui ne justifieraient pas avoir accompli le temps normal de service obligatoire.

Quoi qu'il en soit du mérite de ces divers systèmes, ce furent les partisans d'une taxe militaire spéciale, et quant aux assujettis qu'elle frappait et quant aux éléments qui devaient lui servir de base, qui obtinrent gain de cause devant le Parlement. Ils voulurent, d'ailleurs, y faire voir ou peut-être même y virent-ils autre chose qu'un simple expédient fiscal et prétendirent le justifier par des arguments que résument assez bien les deux passages suivants extraits des discours prononcés à la Chambre et au Sénat par les rapporteurs de la loi :

« Chacun, dans la mesure de ses forces, doit contribuer
« à la défense du pays ; celui qui, par des causes quel-
« conques, se trouve empêché de donner son concours
« personnel, ne saurait voir une injustice dans l'obliga-
« tion à lui imposée de payer une taxe modique. C'est un
« impôt proportionnel légitime et patriotique. L'établisse-
« ment de la taxe est une question d'équité et de morale. »

Le rapporteur de la loi militaire au Sénat s'exprimait à peu près dans les mêmes termes :

« Le service militaire constitue un impôt obligatoire et
« personnel ; chaque citoyen est tenu d'acquitter cet
« impôt, soit en nature, soit en payant une compensation
« s'il ne fait pas de service militaire. Cela signifie, en
« d'autres termes, que tout citoyen est tenu de contribuer
« à la constitution des forces militaires du pays, soit de sa
« personne, soit de son argent, si sa personne est telle
« qu'il ne puisse fournir une action militaire efficace. ».

Le système des promoteurs de la taxe, telle qu'elle fut organisée par la loi de 1889, se dégage assez nettement de ce qui précède.

Pour eux, la taxe est l'équivalent pécuniaire de la prestation personnelle imposée à tous les français inscrits sur les listes annuelles de recrutement. Elle se substitue, dans certains cas légalement déterminés, à l'obligation du service personnel, elle est obligatoire au même titre que ce dernier. En conséquence elle est due, sans exception, par tous ceux qui, pour une cause quelconque, auront été dispensés de tout ou partie du service personnel obligatoire ; cette conception conduisait à imposer même ceux qui n'avaient pas les aptitudes physiques nécessaires pour un service armé.

Tel était le principe de la loi de 1889 ; la taxe étant la représentation du service personnel effectif est due, dans tous les cas, et par tous ceux qui bénéficieront pour une cause quelconque de l'exonération totale ou partielle de ce service.

Cette conception n'a paru justifiée au législateur de 1898 (1) ni par les conditions dans lesquelles elle a été établie, ni par les considérations invoquées dans les discussions auxquelles elle a donné lieu dans le Parlement.

On a dû reconnaître que la taxe constituait surtout un expédient fiscal et que les arguments d'ordre philosophique et moral par lesquels on avait prétendu la justifier ne s'accordaient point avec la réalité des faits.

Il est difficile d'admettre, aujourd'hui, que le remplacement a complètement disparu depuis 1872 de nos lois militaires, l'équivalence du service personnel et d'une prestation en argent.

Si d'ailleurs le législateur de 1889 avait entendu proclamer ce principe que tout Français incapable de fournir un service effectif, doit contribuer en argent à la défense des personnes et des biens, il aurait dû par une conséquence nécessaire de ce principe, assujettir les femmes à la taxe militaire ; or il ne l'a pas fait.

Aussi le législateur de 1898 a-t-il admis comme base de la taxe un principe sensiblement différent. Pour lui, la

---

(1) Rapport présenté par M. de Lasteyrie au Ministre des Finances, le 7 juillet 1897.

taxe n'est plus considérée comme l'équivalent pécuniaire du service personnel se substituant à lui dans tous les cas où il n'est pas fait en nature ; elle n'est plus désormais que la compensation d'une faveur accordée aux jeunes gens qui, ayant les aptitudes physiques nécessaires pour le service militaire, bénéficient, pour des raisons d'ordre social d'une mesure leur portant un profit personnel indiscutable.

La conséquence directe de ce nouveau principe a été, comme nous le verrons, l'exemption de toute une catégorie d'individus assujettis à la taxe par la loi de 1889, et notamment de tous ceux qu'une infirmité physique empêche de prendre part à un service armé. On peut le regretter au point de vue du rendement de l'impôt dont l'assiette se trouve forcément restreinte, mais non pas au point de vue de la véritable équité.

Le nouveau principe sur lequel repose l'organisation actuelle de la taxe, ainsi dégagé, nous permet d'en donner la définition suivante.

La taxe militaire est un impôt direct de quotité perçu au profit de l'État sur une catégorie spéciale de contribuables qui, légalement dispensés de tout ou partie du service actif en temps de paix, peuvent être considérés comme ayant effectivement retiré de cette dispense un profit personnel véritable.

Il résulte de cette définition, que la taxe est uniquement perçue au profit de l'État. Le premier projet du gouvernement en attribuait au contraire une partie aux communes qui devaient la recouvrer sous leur responsabilité. Cette portion leur était attribuée, comme on a proposé de le faire en Allemagne, à titre d'indemnité de perception.

Ce mode de recouvrement contraire aux règles actuelles de notre législation financière ne fut pas appliqué, et avec

lui disparut le motif de l'allocation aux communes, conformément d'ailleurs aux conclusions du rapporteur du
Sénat, qui s'exprimait ainsi :

« Le mode de recouvrement par les communes écarté, je
« cherche le motif de l'allocation proposée. Je n'y vois
« qu'une libéralité, et il me semble que nous ne serions
« guère en situation de la faire. Je vois bien qu'on a l'in-
« tention d'affecter cette part à la distribution de secours
« à certaines familles. Eh bien, je trouve cela dangereux,
« et je crois que la Chambre des Députés avait excellem-
« ment agi en supprimant cette attribution formelle d'une
« partie de la taxe à titre de secours. Et savez-vous pour-
« quoi ? C'est que je n'aime pas à insérer dans une loi
« d'État une disposition qui reconnaisse un droit officiel
« de secours ou d'assurance pour une catégorie quel-
« conque de la population.

« D'autres États, l'Autriche, notamment, ont commis
« cette imprudence ; je crois qu'ils le regrettent profon-
« dément, et il me semble très imprudent de déposer un
« semblable principe même dans la loi militaire.

« Si nous admettons qu'une portion de la taxe doive
« servir à secourir les familles nécessiteuses, les inté-
« ressés considéreront que l'État a reconnu, d'une manière
« générale, leur droit à l'assistance, et ils demanderont
« d'en profiter dans tous les cas, même au cas d'insuffi-
« sance. Des revendications pareilles se produiront avec
« une égale justice de la part d'autres nécessiteux, et on
« arrivera ainsi à faire consacrer le droit d'assistance
« comme un devoir direct de l'État. Ce serait la source
« des plus graves complications. En réalité, je ne vois
« aucun intérêt au maintien de cette disposition, et j'y
« vois des inconvénients. »

D'ailleurs et indépendamment de ces considérations

fortement motivées, une autre raison a contribué à faire écarter l'allocation aux communes, c'est que la part de chacune d'elles eût été bien minime, étant donnés leur nombre et le rendement prévu de la taxe.

ASSIETTE DE L'IMPOT

La taxe militaire comme tout impôt direct comprend deux séries d'opérations bien distinctes ; les unes relatives à l'assiette de la taxe, c'est-à-dire à la détermination des personnes qui la doivent et aux éléments d'après lesquels elle doit être calculée ; les autres relatives au recouvrement des sommes mises à la charge des contribuables qui en ont été constitués débiteurs. Nous étudierons d'abord l'ensemble des règles relatives à l'assiette de l'impôt, puis celles qui ont trait au recouvrement, ces dernières plus succinctement, la majorité d'entre elles étant commune à toutes les contributions directes en général.

SECTION I

DETERMINATION DES PERSONNES IMPOSABLES

CHAPITRE PREMIER

ASSUJETTIS

Nous avons vu que les lois du 15 juillet 1889 et du 13 avril 1898, avaient envisagé d'une manière très différente le principe sur lequel devait reposer le payement d'une taxe militaire. Le législateur de 1889, considérant que cette taxe devait être dans tous les cas une compensation pécuniaire imposée à ceux qui, pour un motif quelconque, étaient dispensés en tout ou en partie des trois années de service actif légalement obligatoires, imposait en conséquence tous ceux qui n'accomplissaient pas intégralement les trois années de service actif, et notamment les exemptés pour cause d'infirmité, les insoumis, les déserteurs, les soutiens de famille, les individus réformés au corps, etc...

La nouvelle loi ne considère plus la taxe militaire comme une sorte de représentation du service personnel effectif, due par suite dans tous les cas et par tous ceux qui bénéficient pour une cause quelconque de l'exonération totale ou partielle de ce service, mais comme la simple compensation d'une faveur accordée aux jeunes gens qui, ayant les aptitudes physiques nécessaires pour le service militaire, bénéficient pour des raisons d'ordre social d'une mesure leur portant un profit personnel indiscutable.

Cette formule embrasse tous les nouveaux cas d'application de la taxe militaire, tels qu'ils sont déterminés par le législateur de 1898 qui a modifié profondément, à ce point de vue, la législature antérieure, et restreint considérablement le nombre des assujettis. Aux termes du § 1er de la loi du 13 avril 1898 « sont assujettis au paye-
« ment d'une taxe militaire les jeunes gens compris dans
« la liste de recrutement cantonal, qui bénéficient d'une
« exonération totale ou partielle du service dans l'armée
« active, par suite soit de dispense, d'ajournement non
« suivi d'exemption, de classement dans les services
« auxiliaires, d'envoi en disponibilité, soit d'inscription
« différée sur les tableaux de recensement dans les cas
« autres que celui d'omission ».

Aux termes des dispositions précédentes et dans l'ordre suivi par le paragraphe 1er de la loi nouvelle les différentes catégories d'assujettis restant soumises au payement d'une taxe militaire sont les suivantes :

1° Les dispensés par leur situation de famille (art. 21, loi du 15 juillet 1889) ;

2° Les dispensés à raison de leurs études ou de leurs fonctions (art. 23) ;

3° Les ajournés (art. 27) quand l'ajournement n'est pas suivi d'exemption complète ;

4° Les hommes classés dans les services auxiliaires;

5° Les hommes de la seconde portion du contingent envoyés en disponibilité par le Ministre de la Guerre au bout d'une année de service (art. 39) ;

6° Les hommes dispensés à raison de leur résidence à l'étranger (art. 50) ;

7° Les dispensés à raison de leur résidence dans certaines colonies ou pays de protectorat (art. 81 et 82);

8° Les individus dont l'inscription sur les tableaux de recensement a été différée, soit à raison du délai pendant lequel ils peuvent répudier la qualité de Français, soit de l'âge auquel ils acquièrent ou recouvrent cette qualité, et qui échappent de ce fait à tout ou partie du service actif (art. 11 et 12).

A. — Dispensés à raison de leur situation de famille.
(Art. 21 de la loi du 15 juillet 1889).

L'article 21 est un de ceux qui ont donné lieu aux discussions les plus vives devant la Chambre et le Sénat; il a pour but d'établir des dispenses de droit à titre de soutiens légaux de famille en faveur de certaines catégories de jeunes gens.

On se trouvait en présence de deux systèmes : celui de la loi du 27 juillet 1872 (art. 72), emprunté lui-même à la loi de 1832 (art. 13), et à celle du 20 mars 1818 (art. 4), qui consiste à accorder la dispense du service militaire comme un droit aux catégories déterminées par l'article 21. Pour ces jeunes gens la dispense ne devait être soumise qu'à la vérification de leur état civil et de celui de leurs parents, sans examiner s'ils remplissaient en réalité les devoirs de soutiens de famille, cette situation résultant d'une présomption légale établie en leur faveur.

Le second système se fonde sur le démenti que les faits donnent parfois à la présomption légale, par exemple dans le cas où le fils d'une veuve non seulement se trouve dans une situation aisée, mais encore peut, par son inconduite, constituer une charge pour sa mère, et profiter ainsi d'une faveur injustifiée. — Aussi dans ce système proposait-on de vérifier la situation de chaque individu et de n'accorder de dispenses qu'à ceux qui rempliraient effectivement les devoirs de soutiens de famille.

Le législateur de 1889 s'est arrêté à un système intermédiaire qui peut se résumer de la manière suivante :

1° Présomption légale de la qualité de soutiens de famille attribuée à certaines catégories de jeunes gens limitativement énumérées ;

2° Transformation en dispense limitative de l'exemption absolue accordée par la loi de 1832, et de la dispense pure et simple de la loi de 1872 ;

3° Retrait facultatif de la dispense par les Conseils de revision sur la plainte des intéressés, lorsque la présomption légale se trouvera démentie par la réalité des faits.

Désormais les dispensés de l'article 21 sont incorporés en même temps que les hommes de leur classe, et ne sont renvoyés dans leurs foyers qu'au bout d'une année de service, ils ne bénéficient donc que de l'exemption des deux autres années.

« En temps de paix, après un an de présence sous les
« drapeaux, sont envoyés en congé dans leurs foyers, sur
« leur demande, jusqu'à la date de leur passage dans la
« réserve :

1° L'aîné d'orphelins de père et de mère, ou l'aîné d'orphelins de mère dont le père est légalement déclaré absent ou interdit.

Le jeune homme qui réclame la dispense à ce titre doit donc établir que son père et sa mère sont morts, ou que sa mère seulement est morte, mais que son père est absent ou interdit. Il doit établir en outre qu'il n'existe pas d'enfant mâle plus âgé que lui et qu'il a un ou plusieurs frères ou sœurs nés après lui.

Par application de ces principes la dispense doit être accordée :

1° A celui qui n'a que des sœurs, pourvu qu'une au moins soit moins âgée que lui, même si elle est mariée.

Au contraire, la dispense a été refusée par le Conseil d'État :

A. — A un appelé qui n'avait qu'une sœur plus âgée que lui. (Conseil d'État, 9 juillet 1875. Grassis. Lebon *Chr.*, p. 71.)

B. — A celui qui n'a que des sœurs plus âgées, s'il a un frère plus jeune.

C. — A celui dont les grands-parents paternels et maternels vivent encore, pourvu qu'il n'ait pas de frère aîné et qu'il ait au moins un frère ou une sœur moins âgés que lui.

Alors même que l'un ou l'autre des parents décédés aurait contracté un second mariage, et que le second conjoint serait survivant, la dispense serait accordée ; mais elle ne peut être invoquée que par l'aîné d'orphelins de père et de mère, si donc, le réclamant n'avait que des frères ou sœurs consanguins ou utérins, c'est-à-dire issus du second mariage et ayant encore, par conséquent, leur père ou leur mère, il ne pourrait obtenir la dispense.

2° Le fils unique, ou l'aîné des fils, ou à défaut de son fils, ou de gendre, le petit-fils unique, ou l'aîné des petits-fils d'une femme actuellement veuve, ou d'une femme dont le mari a été légalement déclaré absent ou interdit, ou d'un père aveugle ou entré dans sa soixante-dixième année.

Le fils unique, ou l'aîné des fils d'une femme veuve, au moment où statue le Conseil de revision, doit être dispensé, qu'il ait ou non des sœurs, que sa mère se soit ou non remariée si elle est redevenue veuve.

La dispense s'applique également dans le cas où le père veuf, avec enfants, et remarié, laisse une veuve et des enfants issus du second mariage. Le fils unique, ou l'aîné des fils issus du second mariage sera dispensé, bien qu'ayant des frères consanguins issus du premier mariage et plus âgés que lui.

Mais la dispense ne s'applique pas au fils d'une femme divorcée dont le mari vient à mourir postérieurement au divorce. Cette femme n'est pas veuve au sens légal du mot, puisque, antérieurement, le mariage avait été dissous par le divorce.

Deux amendements tendant à accorder la dispense ont été présentés, l'un en 1885, à la Chambre des députés, par M. Roque de Fillol (séance du 14 juin), l'autre, au Sénat, par M. Ganivet, en 1887 (23 juin), mais sans résultat. On craignit que les époux ne fussent enclins à demander le divorce pour faire conférer la dispense.

Cet argument a sa valeur dans l'hypothèse de divorce pur et simple, mais on aurait pu sans inconvénient, à ce point de vue, décider tout au moins que la dispense serait accordée en cas de mort du mari consécutive au divorce ; bien que dans cette hypothèse la femme ne soit pas veuve au sens légal du mot, puisqu'au moment du décès, le mariage n'existait plus.

A l'inverse, si la femme divorcée devenait veuve d'un second mari, elle conférerait la dispense même à un fils du premier mariage, au même titre qu'une veuve remariée et devenue veuve une seconde fois.

De même que la mort, l'interdiction ou l'absence du père donnent droit à la dispense.

Mais il faut pour cela que le père ait été déclaré absent par un jugement passé en force de chose jugée, c'est-à-dire non susceptible d'appel ni de cassation ; la présomption d'absence qui n'est qu'un simple état de fait ne suffirait pas.

Bien que le texte de la loi ne fasse pas de distinction en ce qui concerne l'interdiction, il résulte de son esprit et des travaux préparatoires qu'il s'agit ici seulement de l'interdiction judiciaire prononcée par le tribunal contre un majeur en état d'imbécillité, de démence ou de fureur (Code civil, art. 489 et 492), mais non pas de l'interdiction légale prononcée contre les condamnés aux travaux forcés, à la détention et à la réclusion à titre de peines accessoires (Code pénal, art. 29; loi du 31 mai 1854, art. 2).

La dispense ne saurait non plus être étendue par voie d'analogie ni au cas où le père aurait reçu un Conseil judiciaire (Code civil, art. 513), ni même à celui où, sans être interdit, il serait enfermé dans un asile d'aliénés en vertu de la loi du 30 juin 1838 (Instruction ministérielle, 28 avril 1873).

Il n'y aurait pas d'autres ressources dans ces différents cas, que la dispense prévue par l'article 22 à titre de sou tien effectif de famille.

Le fils ou petit-fils d'un père aveugle n'obtient la dispense que si la cécité est complète et constatée par le Conseil de revision.

La cécité du second mari de la mère ayant un fils issu d'un précédent mariage ne conférerait pas la dispense à ce dernier.

De même, la dispense s'applique au petit-fils unique ou à l'aîné des petits-fils d'un grand-père aveugle ou septua-génaire (entré dans sa soixante-dixième année).

Le petit-fils unique ou l'aîné des petits-fils d'une femme veuve ou dont le mari a été déclaré absent ou interdit, peut également bénéficier de la dispense de l'article 21, à défaut de fils ou de gendre. C'est depuis la loi de 1832 que l'existence d'un gendre supprime la dispense. Toutefois, l'instruction ministérielle du 28 avril 1878 la main-tient, quand le gendre est veuf sans enfants, elle le considère comme devenu en quelque sorte étranger à la famille. La jurisprudence des tribunaux ne paraît pas encore fixée définitivement sur ce point, et il semble qu'il y aurait là une question préjudicielle d'état à faire trancher suivant la procédure tracée par l'article 31.

3° Le fils unique ou l'aîné des fils d'une famille de sept enfants au moins.

C'est dans le même ordre d'idées, que la loi du 28 nivôse an XIII, chargeait l'État de l'éducation de l'enfant mâle désigné par le père d'une famille de sept enfants vivants ; que la loi des finances du 8 août 1885 (art. 27), accorde des bourses dans les établissements d'enseignement secondaire ou primaire supérieur, ou dans les écoles professionnelles, commerciales et agricoles de l'État, à l'enfant âgé de neuf ans révolus désigné par le père d'une famille de sept enfants vivants. Enfin, c'est encore dans le même esprit qu'aux termes de la loi de finances du 7 juillet 1889 (art. 3), « les père et mère de sept enfants « légitimes ou reconnus, ne seront pas inscrits au rôle de « la contribution personnelle-mobilière. »

Bien que pour la dispense du service militaire le texte ne spécifie pas comme condition nécessaire l'existence de sept enfants vivants, il semble qu'il faille décider, par analogie avec les décisions des lois précédemment citées, que c'est là une condition *sine qua non* de la dispense.

Toutefois, M. Rabany, dans son ouvrage *Sur la loi de recrutement*, pense qu'il est conforme à l'esprit général de la loi militaire, de compter comme vivants les enfants morts à l'armée pour le service du pays, « hi enim qui pro Republica ceciderunt in perpetuum per gloriam vivere intelliguntur ». (Just., Inst. l. I, t. XXV, *De excusat. tut. vel cur.*)

Dans tous les cas de dispenses ci-dessus, le frère puîné jouira de la dispense, si le frère aîné est aveugle ou atteint de toute autre infirmité incurable qui le rende impotent.

C'est seulement l'impotence du frère aîné qui est susceptible de faire dispenser le puîné, c'est ainsi que la dispense ne serait pas due au petit-fils d'une veuve dont le fils ou le gendre seraient impotents.

Si l'aîné d'une famille d'orphelins est impotent, la dispense est acquise au puîné, alors même qu'il n'y aurait pas d'autre frère ou sœur.

Quant à la constatation de l'état du frère aîné donnant lieu à la dispense du puîné, elle est faite par le médecin militaire devant le Conseil de revision. Si l'état du malade empêchait sa comparution devant le Conseil de revision, il serait examiné à domicile. Il faut qu'il soit dans une situation physique telle qu'il lui soit impossible de gagner sa vie ; au reste, c'est surtout là une question de fait que le Conseil de revision appréciera.

4° Le plus âgé de deux frères inscrits, la même année, sur les listes de recrutement cantonal ou faisant partie du même appel.

Il convient de remarquer que la loi de 1889, en parlant de deux frères inscrits, la même année, sur les listes de recrutement cantonal, s'est servie d'une expression beaucoup plus large que celle de la loi de 1872 qui visait les frères faisant partie du même tirage, semblant ainsi restreindre la dispense aux frères ayant tiré dans le même canton. Il faut en conclure qu'il n'est pas nécessaire que deux frères soient inscrits sur la liste de tirage d'un même canton pour bénéficier de la dispense. L'un pourrait aux termes de la loi nouvelle être inscrit en Algérie, l'autre en France (art. 13) et la dispense s'appliquer à l'un d'eux.

C'est la loi du 6 novembre 1890 qui a prévu cette situation de deux frères faisant partie du même appel sans pour cela faire partie de la même classe, elle se présente lorsque, par suite d'un ajournement du frère aîné, il se trouve appelé en même temps que son frère cadet bien que ne faisant pas partie du même tirage. En pareil cas l'aîné peut invoquer la dispense.

Le principe commun sur lequel reposent les dispenses édictées par les paragraphes 4, 5 et 6 de l'article 21 est le suivant : Lorsque deux frères sont appelés dans certaines conditions déterminées à accomplir leur service militaire, l'un d'eux seul doit être astreint à la durée normale de ce service et l'autre en est partiellement dispensé.

5° « Celui dont un frère sera présent sous les drapeaux « au moment des opérations du Conseil de revision, soit « comme officier, soit comme appelé pour deux ans au « moins, soit comme engagé volontaire pour trois ans au « moins, soit comme rengagé breveté ou commissionné, « après avoir accompli cette durée de service ; soit enfin « comme inscrit maritime levé d'office, levé sur sa de- « mande, maintenu ou réadmis au service, quelle que « soit la classe de recrutement à laquelle il appartienne.

« Ces dispositions sont applicables aux frères des offi- « ciers mariniers des équipages de la flotte appartenant à « l'inscription maritime et servant en qualité d'officiers « mariniers du cadre de la maistrance.

« Si les deux frères servent comme appelés, le dispensé « qui en fera la demande ne sera incorporé qu'après l'ex- « piration du temps obligatoire de service de l'autre « frère » (Art. 21 modifié par la loi du 6 novembre 1890).

D'après la loi de 1889, la dispense pouvait être condi- tionnellement prononcée par le Conseil de revision, alors même que le frère du dispensé n'était pas présent sous les drapeaux au moment de la reunion du Conseil, elle était alors subordonnée à la présence effective du frère au moment de l'appel de la classe du dispensé.

La loi du 6 novembre 1890 est revenue au système de celle de 1872 et la cause de dispense doit exister au moment même où se réunit le Conseil. Si, au contraire, la présence du frère sous les drapeaux est postérieure à la décision du Conseil, on rentre dans le cas du paragraphe premier de l'article 21, et c'est l'autorité militaire qui est appelée à constater la situation nouvelle et à ordonner l'envoi en disponibilité.

Pour que le frère sous les drapeaux puisse conférer la dispense, il faut que la durée du service à laquelle il est abstreint soit d'au moins trois années, ainsi ne sauraient conférer la dispense :

A. — Le frère dispensé lui-même au titre des articles 21, 22 ou 23, à moins qu'en exécution des articles 24 et 25, il ne soit postérieurement maintenu sous les drapeaux pour y accomplir trois ans de service actif ininterrompu, ou que, dispensé en vertu de l'article 23, il soit maintenu au corps sans interruption ou rappelé après interruption pour compléter trois ans de service actif.

B. — Les hommes de la deuxième portion du contingent (art. 39), du contingent algérien et du contingent des colonies où les hommes ne sont astreints qu'à une seule année de service (art. 81).

C. — Le militaire déclaré déserteur, non plus que celui qui aurait été réformé pour blessures reçues autrement que dans un service commandé, ou pour infirmités, contractées hors des armées de terre et de mer.

D. — Celui qui est classé dans les services auxiliaires.

E. — Celui qui est ajourné.

F. — Celui qui, ayant accompli ses trois années de service actif est classé au moment de l'appel de la classe de son frère dans la réserve de l'armée active. Quant aux militaires envoyés en congé en attendant l'époque de leur passage dans la réserve, ils doivent être considérés, malgré leur libération anticipée, comme en activité de service et doivent conférer la dispense. (Circ. guerre, 3 mars 1880).

De même les militaires et marins retenus au service postérieurement à la date légale de leur passage dans la réserve (art. 40), peuvent conférer la dispense tant qu'ils sont dans cette position.

G. — Le militaire détenu en vertu d'un jugement pendant la durée de sa détention.

H. — Les condamnés exclus de l'armée en vertu de l'article 4 ne peuvent non plus ni conférer, ni obtenir la dispense (Instruction guerre du 28 mars 1890, n° 118).

La dispense accordée par les Conseils de revision ne produit définitivement son effet que si la situation qui la motive existe encore à l'appel de la classe.

La loi de 1889 énumère de façon beaucoup plus complète et détaillée que les précédentes la nature du service accompli par le militaire présent sous les drapeaux et susceptible de conférer la dispense.

6° « Celui dont le frère sera mort en activité de service
« ou aura été réformé ou admis à la retraite pour bles-
« sures reçues dans un service commandé, ou bien pour
« infirmités contractées dans les armées de terre et de mer.

« La dispense, accordée conformément aux para-
« graphes 5 et 6 ci-dessus, ne sera appliquée qu'à un
« seul frère, pour un même cas, mais elle se répétera
« dans la même famille, autant de fois que les mêmes
« faits s'y reproduiront. »

Cette disposition signifie qu'un frère présent sous les drapeaux ne pourra conférer la dispense qu'à un seul de ses frères, mais rien n'empêcherait, par exemple, que dans une famille composée de quatre enfants, l'aîné ayant déjà dispensé son second frère, le troisième ne conférât à son tour la dispense au quatrième.

« Les demandes, accompagnées de documents authen-
« tiques justifiant de la situation des intéressés, sont
« adressées, avant le tirage au sort, au maire de la
« commune où les jeunes gens sont domiciliés. Il en sera
« donné récépissé.

« L'appelé ou l'engagé qui, postérieurement soit à la
« décision du Conseil de revision, soit à son incorpora-
« tion, entre dans l'une des catégories prévues ci-dessus,
« est, sur sa demande, et dès qu'il compte un an de pré-
« sence au corps, envoyé en congé dans ses foyers
« jusqu'à la date de son passage dans la réserve.

« Le jeune homme omis, qui ne s'est pas présenté ou
« fait représenter par ses ayants cause, devant le Conseil
« de revision, ne peut être admis au bénéfice des dis-
« penses indiquées par le présent article, si les motifs de
« ces dispenses ne sont survenus que postérieurement à
« la décision de ce Conseil.

« Le présent article n'est applicable qu'aux enfants
« légitimes. Les enfants naturels, reconnus par le père
« ou par la mère, ne pourront jouir que de la dispense
« organisée par l'article suivant, et dans les conditions
« prévues par cet article. »

Telles sont les différentes catégories de jeunes gens
susceptibles d'être dispensés au titre de l'article 21. L'ancien article 35 les imposait à la taxe militaire ; ils y restent soumis aux termes de la nouvelle loi, à moins qu'ils
ne soient reconnus remplir effectivement les devoirs de
soutiens indispensables de famille, auquel cas ils en sont
exonérés au même titre que les dispensés de l'article 22
(alinéa 2, § 2, art. 35 modifié).

Sous bénéfice de cette restriction, l'imposition des
dispensés de l'article 21 semble absolument logique ; il est
incontestable qu'ils tirent un véritable profit personnel de
la dispense partielle du service actif qui leur est accordée,

toutes les fois que la présomption légale de soutien de famille, sur laquelle est basée cette dispense, ne correspond pas à la réalité des choses. Un fils aîné de femme veuve, par exemple, qui, loin d'être obligé de faire vivre sa mère avec les produits de son travail, reçoit d'elle des libéralités, se trouve dans une situation incontestablement privilégiée par rapport à tel ou tel autre des jeunes gens de sa classe qui, bien qu'ayant encore ses parents, peut se trouver dans une situation précaire, et cependant être incorporé pour trois ans.

Mais s'il est juste que les dispensés de cette catégorie soient passibles de la taxe, ils n'y doivent être soumis que proportionnellement à la durée de la dispense; or, il résulte des dispositions de la loi à cet égard que les dispensés de l'article 21 ne bénéficient pas tous au même titre et avec la même étendue de la faveur prévue par cet article qui comporte en principe l'exonération de deux années de service. Il peut arriver effectivement que la durée normale de la dispense se trouve restreinte, ou même que le bénéfice en soit entièrement perdu. En pareil cas, la taxe doit suivre le même sort, au lieu de deux annuités, l'assujetti peut, suivant les cas, n'en devoir qu'une seule ou même en être entièrement affranchi.

Pour déterminer sa situation à cet égard, il faut tenir compte, d'une part, des variations qui peuvent se produire dans la durée normale de la dispense; et, d'autre part, des dispositions que nous étudierons plus loin et d'après lesquelles la taxe est due pendant trois ans à partir du 1er janvier qui suit la décision par laquelle le Conseil de revision a fixé définitivement la situation de l'assujetti, à moins qu'au 1er janvier de l'une quelconque de ces trois années il ne soit présent sous les drapeaux, auquel cas il n'est pas imposable pour ladite année. (§ 4, art. 35 modifié.)

Ceci exposé, voyons quelle sera, suivant les circonstances, l'étendue de l'obligation pécuniaire d'un dispensé de l'article 21. Nous prendrons comme exemple un fils aîné de veuve.

1er *Cas.* — La dispense ayant été prononcée par le Conseil de revision, il est incorporé en même temps que sa classe à partir du 1er novembre suivant et envoyé en disponibilité après une année de service.

Aux termes du § 4 ci-dessus, présent sous les drapeaux au 1er janvier qui suit la décision du Conseil de revision, il n'est pas imposable ; absent au 1er janvier des deuxième et troisième années, il devient passible des deux annuités de la taxe correspondantes aux deux années de dispense. C'est le cas normal pour les dispensés de l'article 21.

2e *Cas.* — Mais il peut arriver que la cause de dispense reconnue par le Conseil de revision, vienne à cesser soit antérieurement soit postérieurement à l'incorporation par suite du décès de la mère de l'assujetti. En pareil cas et aux termes de l'article 25 de la loi de recrutement, le dispensé est soumis à toutes les obligations de service de la classe à laquelle il appartient, ce qui veut dire qu'il est suivant l'époque du décès de sa mère incorporé ou maintenu sous les drapeaux pour trois ans; ou réincorporé, s'il avait déjà été renvoyé dans ses foyers, jusqu'à l'époque de la libération normale de sa classe. Si par suite de l'événement postérieur à la décision du Conseil il a été incorporé ou maintenu au corps pour trois ans, la taxe disparaît entièrement avec la dispense qui la motivait. Si, au contraire, le dispensé avait été libéré par anticipation puis réincorporé, il y aurait lieu d'examiner, sans se préoccuper de la durée de ce congé provisoire, s'il était présent sous les drapeaux au 1er janvier de la deuxième ou de la troisième année de l'incorporation; il ne devrait la taxe pour l'une ou l'autre de ces années, ou pour toutes

les deux que s'il était absent au 1er janvier de chacune
d'elles.

Il y aurait lieu d'appliquer la même règle si la cause de
dispense étant postérieure à l'incorporation, cette dispense au lieu d'être accordée par le Conseil de revision,
l'était par l'autorité militaire postérieurement à l'incorporation. Suivant que cette décision aurait fait bénéficier
l'assujetti d'une ou deux années de dispense, il devrait
une ou deux annuités de la taxe, toujours en tenant
compte de sa situation militaire à chacun des premiers
janvier de la période triennale déterminée par l'article 35.

B. — Dispensés de l'article 23.

L'intérêt de certains grands services de l'État, notamment de l'instruction publique et du clergé, la nécessité
de ne pas interrompre trop longtemps des études longues
et difficiles, de maintenir l'habileté professionnelle de
certains ouvriers d'art, d'assurer la prospérité du commerce et de l'agriculture, sans lesquelles un pays ne saurait
atteindre son libre et complet développement, ont déterminé le législateur à renvoyer dans leurs foyers, au bout
d'une année de service, les jeunes gens visés par l'article 23.

Déjà la loi de 1831 (art. 14), considérait comme ayant
satisfait à l'appel, et déduisait des contingents à incorporer certaines catégories de jeunes gens, en raison de la
nature de leurs études ou des fonctions publiques auxi-
quelles ils se destinaient; il en était ainsi notamment pour
les membres de l'enseignement et les élèves ecclésiastiques.

La loi de 1872 changea ces exemptions en dispenses
conditionnelles, mais en fait elles conservèrent le caractère

d'exemption et comprirent des catégories dont la loi de 1832 ne faisait pas mention.

De plus, en échange du remplacement qu'elle supprimait, elle institua l'engagement conditionnel d'un an qui dispensait de quatre années de service sur cinq. Pour contracter cet engagement, il fallait posséder certains diplômes ou brevets, ou bien avoir été admis dans certaines écoles (art. 53), ou bien encore subir un examen dont le programme avait été arrêté par le Ministre de la Guerre (art. 54). L'engagé conditionnel devait s'habiller, se monter, s'équiper, s'entretenir à ses frais (art. 55), mais en fait, l'État le dispensait de cette obligation moyennant le versement d'une somme déterminée et uniforme (1.500 francs) quelle que fût, d'ailleurs, l'arme à laquelle le volontaire était affecté.

Le volontariat d'un an a été supprimé lui-même par la loi du 15 juillet 1889 et remplacé par les dispenses conditionnelles accordées par l'article 23 à ceux dont les études importent au développement scientifique, littéraire, artistique et moral du pays, et qu'une interruption de trois années consécutives aurait eu pour conséquence inévitable de gravement compromettre.

Les dispenses conditionnelles ainsi que leur nom l'indique, ne sont pas d'ailleurs accordées à titre définitif, mais subordonnées formellement à l'accomplissement par les intéressés des conditions sous lesquelles elles sont consenties. En cas d'inexécution, la sanction prononcée par l'article 24 consiste dans la réincorporation des intéressés pour la durée normale du service.

La législation relative aux dispensés conditionnels est d'ailleurs contenue tout entière dans les articles 23 et 24 de la loi de 1889, qu'il importe de reproduire :

« En temps de paix, après un an de présence sous
« les drapeaux, sont envoyés en congé dans leurs foyers,

« sur leur demande, jusqu'à la date de leur passage dans
« la réserve :

« 1° Les jeunes gens qui contractent l'engagement de
« servir pendant dix ans dans les fonctions de l'instruc-
« tion publique, dans les institutions nationales des sourds-
« muets ou des jeunes aveugles, dépendant du ministère
« de l'Intérieur, et y rempliront effectivement un emploi
« de professeur, de maître répétiteur ou d'instituteur.

« Les instituteurs laïques, ainsi que les novices et
« membres des congrégations religieuses vouées à l'en-
« seignement et reconnues d'utilité publique qui prennent
« l'engagement de servir pendant dix ans dans les écoles
« françaises d'Orient et d'Afrique, subventionnées par le
« gouvernement français ;

« 2° Les jeunes gens qui ont obtenu ou qui poursui-
« vent leurs études en vue d'obtenir :

« Soit le diplôme de licencié ès lettres, ès sciences, de
« docteur en droit, de docteur en médecine, de pharma-
« cien de première classe, de vétérinaire, ou le titre d'in-
« terne des hôpitaux, nommé au concours dans une ville
« où il existe une faculté de médecine.

« Soit le diplôme délivré par l'École des chartes et
« l'École des langues orientales vivantes ;

« Soit le diplôme supérieur délivré aux élèves externes
« par l'École des ponts et chaussées, l'École supérieure
« des mines, l'École du génie maritime ;

« Soit le diplôme supérieur, délivré par l'Institut national
« agronomique, l'École des haras du Pin aux élèves
« internes, les Écoles nationales d'agriculture de Grand-
« Jouan, de Grignon et de Montpellier, l'École des mines
« de Saint-Étienne, les Écoles des maîtres ouvriers
« mineurs d'Alais et de Douai, les Écoles nationales des
« arts et métiers d'Aix, d'Angers et de Châlons, l'École

« des hautes études commerciales et les Écoles supérieures
« de commerce reconnues par l'État (1).

« Soit l'un des prix de Rome, soit un prix ou médaille
« d'État dans les concours annuels de l'École nationale
« des beaux-arts, du Conservatoire de musique et de
« l'École nationale des arts décoratifs ;

« 3° Les jeunes gens exerçant les industries d'art et
« qui sont désignés par un jury d'État départemental
« formé d'ouvriers et de patrons. Le nombre de ces jeunes
« gens ne pourra, en aucun cas, dépasser un demi pour
« cent du contingent à incorporer pour trois ans ;

« 4° Les jeunes gens admis, à titre d'élèves ecclésias-
« tiques, à continuer leurs études en vue d'exercer le
« ministère dans l'un des cultes reconnus par l'État.

« En cas de mobilisation, les étudiants en médecine et
« en pharmacie et les élèves ecclésiastiques sont versés
« dans le service de santé.

« Tous les jeunes gens énumérés ci-dessus seront rap-
« pelés, pendant quatre semaines, dans le cours de l'année
« qui précédera leur passage dans la réserve de l'armée
« active. Ils suivront ensuite le sort de la classe à laquelle
« ils appartiennent.

« Des règlements d'administration publique détermine-
« ront (2) : les conditions dans lesquelles sera contracté

(1) Un décret, portant règlement d'administration publique, du
31 mai 1890, a organisé la reconnaissance par l'État des écoles supérieures de commerce.

Huit décrets portant règlement d'administration publique ont été
rendus, le 22 juillet 1890 et le 12 juillet 1892, pour reconnaître l'École
des hautes études commerciales, l'École supérieure de commerce de
Paris, l'École supérieure de commerce de Bordeaux, l'École supérieure
de commerce du Havre, l'École supérieure de commerce de Lyon,
l'École supérieure de commerce de Marseille, l'Institut commercial de
Paris et l'école supérieure de commerce de Lille.

(2) Décret rendu le 23 novembre 1889.

« l'engagement décennal visé au paragraphe 1er ; les jus-
« tifications à produire pour les jeunes gens visés aux
« paragraphes 2 et 4, soit au moment de leur demande,
« soit chaque année pendant la durée de leurs études, la
« nomenclature des industries d'art qui donneront lieu à
« la dispense prévue au paragraphe 3 ; le mode de répar-
« tition de ces dispenses entre les départements, le mode
« de constitution du jury d'État pour les ouvriers d'art,
« ainsi que les justifications annuelles d'aptitude, de
« travail et d'exercice régulier de leur profession, que les
« jeunes gens dispensés, sur la proposition du jury,
« devront fournir jusqu'à l'âge de vingt-six ans.

« Les mêmes règlements fixeront le nombre des di-
« plômes supérieurs à délivrer annuellement, en vue de
« la dispense du service militaire, par chacune des écoles
« énumérées au troisième alinéa du paragraphe 2, ils
« définiront ceux de ces diplômes qui ne seront pas
« définis par la loi ; ils fixeront également des prix et
« des médailles visés au quatrième alinéa du même para-
« graphe.

« Art. 24. — Les jeunes gens visés au paragraphe 1er
« de l'article précédent qui, dans l'année qui suivra leur
« année de service, n'auraient pas obtenu un emploi de
« professeur, de maître-répétiteur ou d'instituteur ou qui
« cesseraient de le remplir avant l'expiration du délai
« fixé ;

« Ceux qui n'auraient pas obtenu avant l'âge de
« vingt-six ans les diplômes ou les prix spécifiés aux
« alinéas du paragraphe 2, à l'exception toutefois des
« diplômes de docteur en droit, de docteur en médecine,
« de pharmacien de 1re classe et du titre d'interne des
« hôpitaux nommé au concours dans une ville où il existe
« une faculté de médecine, pour l'obtention desquels la

« limite d'âge, en ce qui touche le bénéfice résultant de
« l'article 23, est fixé à vingt-sept ans (1) ;

« Les jeunes gens visés au paragraphe 3, qui ne
« fourniraient pas les justifications professionnelles pres-
« crites ;

« Les élèves ecclésiastiques mentionnés au para-
« graphe 4, qui, à l'âge de vingt-six ans, ne seraient pas
« pourvus d'un emploi de ministre de l'un des cultes re-
« connus par l'État.

« Les jeunes gens visés par les articles 21, 22 et 23,
« qui n'auraient pas satisfait, dans le cours de leur année
« de service, aux conditions de conduite et d'instruction
« militaire, déterminées par le Ministre de la Guerre.

« Ceux qui ne poursuivraient pas régulièrement les
« études en vue desquelles la dispense a été accordée,

« Seront tenus d'accomplir les deux années de service
« dont ils avaient été dispensés.

« Art. 25. — Quand les causes de dispenses prévues
« aux articles 21, 22 et 23 viennent à cesser, les jeunes
« gens qui avaient obtenu ces dispenses sont soumis à
« toutes les obligations de la classe à laquelle ils appar-
« tiennent. »

Telles sont les dispositions relatives aux dispensés
conditionnels de l'article 23, ils bénéficient de l'exonération de deux années de service actif et à ce titre doivent
payer les deux annuités de la taxe militaire correspondantes aux deux années d'exonération. Ils étaient déjà
soumis à la taxe par la loi de 1889 et la loi nouvelle les y
a maintenus, à juste titre semble-t-il, car ils retirent tous
un profit personnel, indiscutable et effectif, de l'exonération partielle qui leur permet d'interrompre moins long-

____

(1) La disposition prorogeant jusqu'à 27 ans le délai d'obtention de
certains diplômes a été introduite par la loi du 13 juillet 1895.

temps leurs études et d'obtenir plus rapidement les diplômes susceptibles de leur ouvrir l'entrée d'une carrière ou l'exercice d'une profession.

Mais s'il semble très juste de leur faire payer la taxe quand la dispense conditionnelle devient définitive, il en est autrement quand par suite d'événements prévus par l'article 24 ci-dessus, ils sont postérieurement réincorporés et tenus d'accomplir les deux années de service dont ils avaient été dispensés. En pareil cas, ils devraient pouvoir obtenir le remboursement de la taxe déjà payée. Nous verrons dans un chapitre spécial où nous examinerons, d'une manière générale, la situation faite aux assujettis, en cas d'incorporation postérieure au payement de la taxe, que ce remboursement serait contraire aux principes généraux applicables en matière d'impôts directs, et que les Tribunaux administratifs saisis d'une demande en décharge basée sur l'incorporation postérieure au payement ne pourraient légalement la prononcer.

**C. — Ajournés dont l'ajournement n'est pas suivi
d'exonération complète.**

L'ajournement qui est une innovation de la loi de 1872, empruntée par elle aux lois Allemande et Autrichienne, a passé sans modification dans la loi du 15 juillet 1889 dont l'article 27 dispose que les jeunes gens qui n'ont pas la taille réglementaire d'un mètre cinquante-quatre, ou qui sont reconnus d'une complexion trop faible pour un service armé, pourront être ajournés deux années de suite à un nouvel examen du Conseil de revision (art. 27).

L'ajournement peut donc être renouvelé la seconde année, mais lors de la troisième comparution devant le Conseil de revision, il est obligatoire que l'ajourné soit incorporé ou dispensé définitivement de tout service, ou bien classé dans les services auxiliaires. Il s'en suit que les ajournés peuvent se trouver dans l'une des situations suivantes :

1° Être incorporés dans l'armée active après un ou deux ajournements successifs, pour le temps de service restant à faire à leur classe d'âge au moment de leur incorporation, c'est-à-dire pour deux années ou une année seulement, suivant qu'ils sont incorporés lors de leur deuxième ou troisième comparution devant le Conseil ;

2° Être classés dans les services auxiliaires ;

3° Être exemptés définitivement.

Dans les deux premiers cas seulement, ils seront astreints au payement de la taxe. On considère avec juste raison que le troisième équivaut à une exemption pure et simple, et l'on sait qu'aux termes de la nouvelle loi, les exemptés pour cause de faiblesse de constitution ou d'infirmités ne sont pas imposables comme n'ayant pas retiré de la dispense un profit personnel effectif (art. 35, § 1er).

Quant aux ajournés des deux premières catégories, ils devront la taxe en compensation du service actif qu'ils n'auront pas fait, c'est-à-dire l'intégralité de cette taxe lorsqu'ils auront été classés dans les services auxiliaires après deux ajournements successifs; deux annuités lorsqu'ils auront été incorporés après deux ajournements; une annuité seulement si l'incorporation suit le premier ajournement.

A cet effet, et comme il n'était pas possible lors du premier ajournement de prévoir les décisions subséquentes du Conseil de revision, la loi prescrit, ainsi que nous le verrons, de n'imposer les ajournés qu'à partir du 1er janvier qui suivra la décision par laquelle le Conseil de revision aura fixé leur situation définitive; soit qu'il les ait déclarés bons pour le service, soit qu'il les ait classés dans les services auxiliaires (art. 35 modifié, § 4).

Cette disposition relative au point de départ de la période d'imposition des ajournés constitue une innovation de la loi nouvelle. D'après la législation antérieure, les ajournés comme les autres assujettis étaient imposés dès le 1er janvier qui suivait l'appel de leur classe à l'activité et d'après les éléments existant à cette date (art. 1er décret du 30 décembre 1890, remplacé par le décret du 24 février 1894), ce qui les plaçait dans une situation particulièrement défavorable par rapport aux autres assujettis.

Il suffit pour s'en rendre compte de rappeler les dispositions de l'ancienne législation relative au mode de calcul de l'impôt. La taxe était divisée en trente-six parties égales correspondant aux trente-six mois de service actif, et réduite d'un nombre de trente-sixièmes égal à celui des mois de service dont l'assujetti n'était pas dispensé. (Art. 35, § 4, loi du 15 juillet 1889 : art. 3, Décret réglementaire du 24 février 1894.)

Faisant aux ajournés l'application de ce qui précède, on les imposait dès le 1er janvier qui suivait l'appel de leur classe à l'activité, d'après les éléments existant à cette date, c'est-à-dire pour la taxe entière, soit 36/36 puisqu'ils n'avaient encore fait aucun service. Si bien qu'en cas d'incorporation postérieure au premier ajournement, pour deux ou une année de service, ils se trouvaient, au moins pour les annuités antérieurement payées, n'avoir bénéficié d'aucune réduction du chef des mois de service accomplis. D'où la situation défavorable qui leur était faite par rapport aux autres dispensés, lesquels n'étant imposés que postérieurement à leur envoi en disponibilité, bénéficiaient pour le payement de toutes les annuités exigibles, de la réduction afférente au temps de service antérieurement accompli.

Soit deux conscrits appartenant à la classe 1895, incorporée en 1896. — L'un d'eux après deux ajournements successifs était incorporé pour une année lors de sa troisième comparution devant le Conseil de revision : par conséquent à partir du 1er novembre 1898 ; l'autre, dispensé de deux années de service à raison de sa situation de famille (art. 21) était incorporé avec sa classe en novembre 1896 et renvoyé dans ses foyers en novembre 1897. — Quelle était leur situation respective au point de vue du payement de la taxe ?

Le dispensé présent sous les drapeaux au 1er janvier 1896 n'était imposé qu'après son envoi en disponibilité, c'est-à-dire à partir du 1er janvier 1897 ; mais, comme on lui tenait compte du service antérieurement accompli et venant en déduction de l'exonération totale de ce service, on ne l'imposait qu'au 24/36 de la taxe : il bénéficiait donc, pour toutes les annuités exigibles, d'une réduction égale au 12/36 de cette taxe.

Au contraire, l'ajourné non présent sous les drapeaux au 1er janvier 1896 était immédiatement imposé d'après les éléments existants à cette date. Comme il n'avait encore fait aucun service actif, il était passible de l'intégralité de la taxe, soit 36/36 correspondant aux trente-six mois de service non accomplis. Au 1er janvier 1897, sa situation n'étant pas modifiée, il était imposé de nouveau pour la taxe entière. Au 1er janvier 1898, il disparaissait du rôle comme présent sous les drapeaux pour y être rétabli à partir du 1er janvier 1899, qui suivait sa libération, déduction faite naturellement des douze trente-sixièmes correspondant aux douze mois de service qu'il venait d'accomplir.

Il résulte de cet exemple que les ajournés, au moins pour les annuités antérieures à l'incorporation, se trouvaient avoir payé davantage que les dispensés ordinaires tout en n'ayant pas bénéficié d'une exonération plus large.

Quant à obtenir après coup le remboursement des trente-sixièmes afférents aux mois de service postérieurement effectués, cela n'était pas possible. Les Tribunaux administratifs, saisis de la question, se bornaient à répondre que l'imposition étant régulière à l'origine (puisqu'au moment où elle avait été établie, l'ajourné n'avait encore fait aucun service), il n'y avait pas lieu, conformément aux dispositions de la loi et du règlement d'administration publique (art. 35, § 5 et règlement du 24 février 1894, art. 1er), de tenir compte des faits postérieurs à l'établissement de la taxe qui devaient demeurer sans influence sur le calcul des annuités antérieurement payées et dûment établies à l'origine.

D. — Jeunes gens classés dans les services auxiliaires.

Ce sont ceux que des infirmités légères ou certaines défectuosités physiques ne permettent pas d'appeler à un service armé, mais qui pourtant sont susceptibles d'être affectés avec profit à certains services déterminés, dits services auxiliaires.

La circulaire du 28 mars 1877 détermine ainsi qu'il suit les services auxiliaires de l'armée auxquels peuvent être affectés, en raison de leurs aptitudes professionnelles, les jeunes gens compris dans la 6e partie de la liste du recrutement cantonal (art. 33, loi du 15 juillet 1889) :

1° Travaux de fabrication, d'entretien et de réparation du matériel militaire de toute nature ;

2° Travaux relatifs aux fortifications et aux bâtiments militaires ;

3° Travaux concernant la construction, la réparation et l'exploitation des voies ferrées et des lignes télégraphiques;

4° Hôpitaux et ambulances ;

5° Magasins d'habillement, d'équipement, de harnache-
ment et de campement ;

6° Subsistances, manutentions, magasins ;

7° Transports militaires ;

8° Bureaux des états-majors du recrutement, de l'administration et des dépôts des différents corps de troupe.

Le classement dans les services auxiliaires de l'armée
constitue en somme une véritable exonération du service
actif en temps de paix. Les jeunes gens qui en bénéficient
ne sont jamais appelés, si ce n'est en cas de mobilisation
générale et ne sont astreints, en temps de paix, qu'à des
revues annuelles.

Le classement dans les services auxiliaires constitue
une innovation de la loi de 1872, reproduite par celle
de 1889 ; antérieurement, il n'y avait pas de moyen
terme ; les jeunes gens étaient déclarés bons pour le service, ou bien réformés définitivement. Le législateur a
pensé qu'il fallait assurer, en temps de guerre, le concours de toutes les forces vives de la nation, et qu'un
homme de petite stature ou de complexion simplement
délicate, pourrait, quand même, rendre dans certaines
circonstances appropriées, des services appréciables.

Quoi qu'il en soit, les jeunes gens classés dans les services auxiliaires bénéficient d'une véritable exemption du
service actif qui justifie, logiquement et équitablement, le
payement de la taxe militaire à laquelle les a soumis le
législateur de 1889, et dont ils continuent d'être passibles,
aux termes de la législation nouvelle. Il n'y avait, effectivement, aucune raison de les exonérer de la taxe, à
l'exemple de leurs camarades exemptés de tout service
pour cause d'infirmités. Le caractère et la nature des défectuosités physiques qui motivent leur classement dans
les services auxiliaires ne présente pas, en effet, le même
caractère de gravité, et ne sauraient, en tout cas, leur

empêcher de subvenir à leur existence par les produits de leur travail. Maintenant, il y a lieu de déterminer quelle sera leur situation au point de vue du payement de la taxe et de l'époque à partir de laquelle ils y seront assujettis?

Cette question est résolue par le § 4 du nouvel article 35, aux termes duquel les assujettis ne sont imposables qu'à partir du 1er janvier qui suit la décision par laquelle le Conseil de revision a fixé leur situation définitive.

En conséquence, les assujettis classés dans les services auxiliaires, lors de leur première comparution devant le Conseil, en seront immédiatement passibles ; au contraire, ceux qui, par application de l'article 27, n'auront été classés dans les services auxiliaires que postérieurement à un ou deux ajournements successifs, ne seront imposés qu'à partir du 1er janvier qui suivra leur dernière comparution devant le Conseil. D'après l'ancien article 35, au contraire, ils étaient tous imposables à partir du 1er janvier qui suivait l'appel de leur classe à l'activité.

Nous avons vu précédemment à propos des ajournés que cette nouvelle disposition de la loi s'expliquait très logiquement, car après une première comparution devant le Conseil de revision, il est impossible en cas d'ajournement, de savoir ce que sera la décision définitive, si elle classera l'ajourné dans les services auxiliaires, l'exemptera définitivement ou le déclarera bon pour le service. Toutes circonstances d'où dépendent entièrement sa situation au point de vue de la taxe militaire.

E. – Jeunes gens faisant partie de la deuxième portion du contingent.

« Chaque année, après l'achèvement des opérations du « recrutement, le Ministre de la Guerre fixe sur la liste

« de tirage au sort de chaque canton et proportionnelle-
« ment, en commençant par les numéros les plus élevés,
« le nombre d'hommes qui seront envoyés dans leurs
« foyers en disponibilité après leur première année de
« service.

« Ces jeunes gens resteront néanmoins à la disposition
« du Ministre, qui pourra les conserver sous les drapeaux
« ou les rappeler si leur conduite et leur instruction
« laisse à désirer, ou si l'effectif budgétaire le permet
« (art. 39, loi du 15 juillet 1889).

Le premier projet de la loi relatif au service de trois ans
ne comprenait pas de deuxième portion du contingent,
elle ne fut prévue pour des considérations budgétaires que
dans la séance de la Chambre des députés du 12 janvier 1889.
On avait effectivement calculé qu'avec la nouvelle loi, et
en tenant compte de toutes les réductions à prévoir pour
des causes diverses dans l'effectif, on arrivait à un contingent irréductible de 460.000 hommes supérieur par
suite de 60.000 à l'effectif budgétaire. On se trouvait
donc en présence d'une véritable impossibilité matérielle.

La création d'une seconde portion du contingent est une
sorte de soupape destinée à alléger le budget de la Guerre
en limitant aux effectifs budgétaires le contingent à entretenir sous les drapeaux. Le Ministre de la guerre peut
ainsi, chaque année, le restreindre dans la limite des
ressources votées par le Parlement.

Les hommes de la deuxième portion du contingent ne
font qu'une année, et sont dispensés des deux autres.
Sous l'empire de l'ancienne législation, ils étaient déjà
soumis au payement de la taxe et y demeurent assujettis
d'après la loi nouvelle. Leur imposition se justifie d'ailleurs logiquement, elle est le prix du bénéfice qu'ils
retirent de leur exemption ; bien que d'ailleurs, il faut le
reconnaître, cette exemption ne soit pas prononcée dans

leur intérêt propre mais plutôt dans celui de l'État, et pour un simple motif budgétaire. Les hommes de la seconde portion du contingent ne sont imposés à la taxe militaire qu'à partir du premier janvier qui suit leur envoi en disponibilité, et pendant les deux années correspondantes à l'exemption (§ 4, art. 35, modifiés). Ils payent donc normalement deux annuités de la taxe.

Nous verrons plus loin, qu'au contraire, les dispensés de l'article 46 ne sont pas imposables. Ce sont ceux dont le renvoi anticipé, au lieu d'être décidé par le Ministre de la guerre immédiatement après l'achèvement des opérations du recrutement, est prononcé postérieurement au cours du service en cas d'excédent du contingent incorporé.

L'article 46 n'est, en définitive, qu'une sorte de prolongement de l'article 39 permettant de prononcer supplémentairement de nouveaux envois en disponibilité ; il semble bien que la situation des dispensés soit la même dans les deux cas, et pourtant les uns sont soumis à la taxe alors que les autres en sont exemptés ; nous verrons la raison déterminante de cette différence de régime en étudiant plus loin la catégorie des dispensés en vertu de l'article 46.

F. — Dispensés de l'article 50 en raison de leur résidence à l'étranger.

« En temps de paix, les jeunes gens qui, avant l'âge de « dix-neuf ans révolus, ont établi leur résidence à l'étranger « hors d'Europe, et qui y occuperont une situation régu- « lière pourront, sur l'avis du Consul de France, être « dispensés du service militaire pendant la durée de leur « séjour à l'étranger. Ils devront justifier de leur situation « chaque année.

« S'ils rentrent en France avant l'âge de trente ans, ils
« devront accomplir le service actif prescrit par la pré-
« sente loi, sans pouvoir être retenus sous les drapeaux
« au delà de l'âge de trente ans.

« S'ils rentrent après l'âge de trente ans, ils ne seront
« soumis qu'aux obligations de leur classe.

« Pendant la durée de leur séjour à l'étranger, ils ne
« peuvent séjourner accidentellement en France plus de
« trois mois et sous la réserve d'aviser le Consul de leur
« absence. » (Art. 50, loi du 15 juillet 1889.)

La loi accorde donc aux jeunes gens qui résident hors
d'Europe, dans certaines conditions, une véritable faveur
en les dispensant du service militaire pendant leur séjour
à l'étranger. Il fallait bien faciliter et encourager l'émigration par laquelle on développe au loin l'influence
française. Mais pour que l'émigration ne devînt pas un
simple prétexte et un moyen d'échapper au service, le
législateur a entouré cette faveur de certaines conditions
restrictives.

Elle exige d'abord une résidence effective hors d'Europe,
il faut que le dispensé soit dans une situation telle que,
même avec les moyens de communication rapide dont on
dispose aujourd'hui, il ne puisse se transporter facilement
là où l'appellent ses intérêts et l'exploitation d'un commerce ou d'une industrie, autrement, il n'éprouverait pas
sensiblement plus de gênes et de difficultés que ses
camarades résidant en France et astreints au service.

La loi exige, en outre, que le dispensé ait quitté la
France avant l'âge de dix-neuf ans révolus, et ne rentre
pas avant celui de trente ans ; elle a voulu éviter les
expatriements volontaires dans le seul but d'échapper au
service, aussi le séjour à l'étranger ne suffit-il pas par
lui-même, l'émigré devra s'y trouver dans une situation
régulière annuellement constatée par le Consul de France.

De plus, il ne peut, pendant cette période, séjourner en France à son gré et suivant son caprice, un maximum de résidence de trois mois lui est accordé. Le service militaire est une charge trop lourde pour qu'on n'épargne pas à ceux qui le subissent le spectacle immédiat de ceux qui y ont échappé.

Les jeunes gens qui bénéficient des dispositions de l'article 50 sont donc de véritables dispensés conditionnels de même que ceux de l'article 23 ; seulement, leur dispense au lieu d'être subordonnée à l'obtention de certains diplômes ou brevets obtenus dans des conditions déterminées ; c'est à cette circonstance qu'ils ne rentreront pas en France avant l'âge de trente ans révolus. Ils tirent de cette dispense un profit personnel indiscutable, ou tout au moins sont à même d'en tirer une utilité effective, tant au point de vue de leurs intérêts pécuniaires, s'ils ont des établissements commerciaux et industriels à l'étranger ; qu'au point de vue de leur commodité personnelle ; il est juste qu'ils soient, à ce titre, soumis à la taxe militaire.

Toutefois, leur situation vis-à-vis de la taxe ne sera pas constante, elle dépendra de l'époque de leur rentrée en France. Effectivement, ils sont imposables pendant la période triennale qui suit l'appel de leur classe à l'activité ; à moins qu'ils ne soient présents sous les drapeaux au 1er janvier de l'une quelconque de ces trois années, auquel cas ils ne sont pas imposables pour ladite année (§ 4, art. 35). Si donc, un dispensé de l'article 50 rentre en France de manière à pouvoir être présent sous les drapeaux au 1er janvier de l'une quelconque ou même des trois années de la période triennale dont s'agit, il ne payera que deux ou une annuité de la taxe et pourra même ne pas la payer du tout, s'il est rentré en France postérieurement à la décision du Conseil, mais antérieurement à l'appel de sa classe et qu'il ait été effectivement incorporé avec elle. Un dispensé de l'article 50 peut donc par suite d'événements postérieurs à la dispense voir sa taxe réduite d'une ou deux annuités, ou même n'être plus du tout imposable, si son retour en France permet de l'incorporer en même temps que sa classe.

G. — Dispensés en vertu des articles 81 et 82 en raison de leur résidence dans certaines colonies ou pays de protectorat.

Ces articles visent :

1º Les Français établis en Algérie ou dans l'une des colonies, autres que la Guadeloupe, la Martinique, la Guyane ou la Réunion, qui sont soumises au régime ordinaire de la loi de recrutement (art. 81) ;

2º Les Français établis dans un pays de protectorat (art. 81) ;

3º Les jeunes gens inscrits sur les listes de recrutement de la Métropole, mais résidant dans une colonie ou un pays de protectorat ;

4º Ceux résidant dans une colonie et inscrits sur les listes de recrutement d'une autre colonie (art. 82).

Tous ces jeunes gens sont dispensés en temps de paix de tout ou partie du service actif.

Leur situation au point de vue du recrutement varie selon qu'il se trouve ou ne se trouve pas de corps de troupes stationnées dans la colonie du lieu de leur résidence ou dans un certain rayon fixé par arrêté ministériel.

Dans le premier cas, ils sont incorporés pour une année seulement et renvoyés dans leurs foyers après une année de présence effective sous les drapeaux, si, d'ailleurs, ils ont satisfait aux conditions de conduite et d'instruction militaire déterminées par le Ministre de la Guerre.

Dans le second cas, ils sont dispensés de tout service actif, à moins que cette situation ne se modifie avant qu'ils n'aient atteint l'âge de trente ans révolus, ils doivent alors accomplir une année de service dans le corps de troupe qui vient tenir garnison dans le rayon déterminé par l'arrêté ministériel prévu par la loi.

Ces jeunes gens seront soumis au payement intégral de la taxe ou au payement de deux annuités seulement, suivant qu'ils auront été dispensés de tout ou partie du service actif. De même que les dispensés de l'article 23 et les dispensés de l'article 50, les jeunes gens résidant dans une colonie ou un pays de protectorat sont donc exposés à être incorporés par suite d'événements postérieurs au payement de la taxe. Nous étudierons dans un chapitre spécial la situation légale qui leur est faite dans ce cas, de même qu'aux autres assujettis exposés au double emploi résultant de la prestation du service militaire en nature et, d'autre part, du payement de la taxe en argent.

II. — Assujettis par suite d'inscription tardive sur les tableaux de recensement.

L'article 10 de la loi du 15 juillet 1889 prescrit aux maires de dresser chaque année, pour la formation de la classe, les tableaux de recensement des jeunes gens de leurs communes ayant atteint l'âge de 20 ans révolus dans l'année précédente.

Mais il arrive que cette inscription ne peut pas toujours être effectuée à l'époque normale et se trouve retardée pour des motifs divers. Cela se présente :

1° Dans le cas d'omission prévu par l'article 15 de la loi de recrutement. Les jeunes gens omis sont inscrits sur les tableaux de recensement de la classe qui est appelée après la découverte de l'omission ;

2° Pour les Français sous condition résolutoire, qui peuvent décliner la nationalité Française dans l'année qui suit leur majorité, conformément aux articles 8, § 4,

12, § 3 et 18 du Code civil (modifiés par la loi du 26 juin 1889), qui visent :

A. — L'individu né en France d'un étranger et qui s'y trouve domicilié à l'époque de sa majorité.

B. — L'individu domicilié en France lors de sa majorité, et né en pays étranger, d'un étranger, depuis lors naturalisé Français, ou d'un Français ayant perdu cette qualité, mais qui l'a recouvrée ultérieurement, si cet individu était mineur quand ses parents ont acquis ou recouvré la qualité de Français.

Ces jeunes gens ne sont portés dans les communes où ils sont domiciliés, que sur les tableaux de recensement de la classe dont la formation suit l'époque de leur majorité telle qu'elle est fixée par la loi française.

La date à envisager pour appliquer ce principe est celle du 1er janvier de l'année qui précède le tirage au sort. C'est ainsi que ne devraient être inscrits, par exemple sur les tableaux de recensement de la classe 1898, appelée en 1899, que les jeunes gens de cette catégorie ayant atteint l'âge de 21 ans révolus au 1er janvier 1899.

Il faut à ce point de vue signaler la situation spéciale des individus qui peuvent se réclamer éventuellement de la nationalité Belge. Leur situation est réglée par l'article 2 de la convention franco-belge du 30 juillet 1891, « ne seront pas inscrits d'office avant l'âge de 22 ans « accomplis sur les listes du recrutement Français :

« Les individus nés en Belgique, d'un Français, qui « peuvent invoquer l'article 9 du Code civil Belge.

« Les individus nés d'un Français naturalisé belge pen- « dant leur minorité, lesquels peuvent acquérir la natio- « nalité Belge conformément à l'article 4, § 1, de la loi « Belge du 6 août 1881. »

De même que pour les Français sous condition résolutoire ordinaire visés par l'article 11 de la loi du 15 juillet 1889, c'est au 1er janvier de l'année qui précède le tirage au sort qu'il faut se placer pour apprécier si les jeunes gens se réclamant de la convention franco-belge doivent être inscrits sur les tableaux de recensement. C'est ainsi que ne devront être inscrits sur les tableaux de recensement de 1899 avec la classe 1898, que les jeunes gens ayant 22 ans accomplis au 1er janvier 1899.

3° Pour les individus devenus Français par voie de naturalisation, réintégration ou déclaration faite conformément aux lois (art. 8, § 5 ; art. 9 ; art. 18, Code civil ; modifiés par la loi du 26 juin 1889).

Ils ne sont portés que sur les tableaux de recensement de la première classe formée après leur changement de nationalité (art. 12, loi du 15 juillet 1889).

Tous les hommes appartenant à l'une des trois catégories précédentes : jeunes gens omis ; Français sous condition résolutoire ; étrangers naturalisés, ne sont d'ailleurs assujettis qu'aux obligations de service incombant encore à leur classe d'âge au moment où ils sont inscrits sur les tableaux de recensement ; si bien qu'ils peuvent se trouver exemptés de tout, ou partie du service actif, suivant l'époque plus ou moins tardive de leur inscription (art. 12 et 15, loi du 15 juillet 1889).

La loi ne les assujettit pas tous au payement de la taxe, elle en excepte formellement ceux dont l'inscription tardive sur les tableaux de recensement provient d'omission. C'est qu'en pareil cas, la situation de fait résultant de l'omission et ayant pour résultat de soustraire l'individu omis à tout, ou partie du service ne saurait être assimilée aux autres causes de dispenses légales qui seules peuvent justifier le payement de la taxe.

Restent donc les Français sous condition résolutoire visés par l'article 11, et les étrangers naturalisés visés par l'article 12.

En ce qui concerne les premiers, il n'est pas douteux qu'on doive les considérer comme assujettis à la taxe ; le texte de la loi s'applique littéralement à leur cas, quand il parle d'inscription différée sur les tableaux de recensement. Mais pour les étrangers naturalisés, la question se pose de savoir s'ils doivent être considérés comme légalement imposables.

Nous ne le pensons pas malgré l'argument qu'on peut tirer des travaux préparatoires, et du rapport présenté au Ministre des Finances par M. de Lasteyrie, au nom de la Commission parlementaire chargée d'étudier la réforme de la taxe militaire. La Commission propose effectivement d'assujettir à la taxe « ceux qui échappent à tout ou partie « du service actif, à raison soit du délai pendant lequel « ils peuvent répudier la qualité de Français, soit de l'âge « auquel ils acquièrent ou recouvrent cette qualité » visant ainsi non seulement les Français sous condition résolutoire, mais encore les étrangers naturalisés.

Notre opinion se fonde d'abord sur un argument de texte. La loi parle d'inscription différée sur les tableaux de recensement : « sont assujettis au payement d'une taxe « militaire, les jeunes gens..... qui bénéficient de l'exoné- « ration totale ou partielle du service dans l'armée active « par suite soit de....., soit *d'inscription différée* sur les « tableaux de recensement, dans les cas autres que celui « d'omission » (art. 35, § 1er). Or, comment cette expression pourrait-elle s'appliquer aux étrangers natu- ralisés, dont l'inscription est tardive il est vrai, en ce sens qu'ils ne sont pas inscrits en même temps que les Français de leur âge ; mais n'est pas différée au sens grammatical et strict du mot : on ne peut différer que l'exécution d'une chose possible au moment où on la renvoie à une date ultérieure. C'est ce qui a lieu pour l'inscription des Fran- çais, sous condition résolutoire, qui ont en définitive cette qualité au moment du tirage au sort de leur classe d'âge, et qui normalement pourraient être inscrits sur les tableaux de cette classe. La situation est toute autre pour les étrangers naturalisés, au moment de l'inscription sur les tableaux de leur classe d'âge ; ils sont inexistants au regard de la loi française de recrutement, et on ne saurait différer à leur égard l'exécution d'une mesure dont il ne peut être question.

Cette interprétation des termes employés par la loi qui conduit à exempter de la taxe les étrangers naturalisés pourrait paraître bien étroite, si elle n'était d'accord non seulement avec son esprit, mais encore avec le but qu'a voulu atteindre le législateur par la loi du 26 juin 1889 sur la nationalité.

En effet, la loi nouvelle ainsi que nous l'avons vu considère la taxe comme la compensation d'une utilité effective retirée de la dispense (ce qui l'a conduit à exempter notamment ceux que leur état physique empêche de servir). La taxe n'est plus comme sous la législation antérieure une compensation pécuniaire, due dans tous les cas par tous ceux qui ne font pas le service actif, mais bien la compensation de l'utilité effective retirée de cette dispense. Or, si l'on prend les étrangers naturalisés, peut-on dire que l'utilité de la dispense apparaisse vraiment pour eux dans tous les cas ? Il semble bien que non, car il arrivera fréquemment qu'un étranger, imposé en France à la taxe militaire, aura satisfait dans son pays d'origine à la loi de recrutement et se trouvera ainsi payer en argent ce qu'il aura déjà payé en nature. Sa situation sera en tous cas beaucoup moins favorable que celle du Français d'origine, qui au moins ne payera que la taxe représentative d'un service non effectué. Il pourra encore arriver que l'étranger ait déjà payé la taxe dans son propre pays avant sa naturalisation.

Nous disons également que l'interprétation restrictive d'après laquelle les étrangers naturalisés échapperaient à la taxe est conforme à la loi de 1889 sur la nationalité, qui a eu pour but de favoriser la naturalisation en simplifiant les formalités qu'elle comporte et en facilitant, dans la mesure du possible, l'acquisition par les étrangers de la nationalité Française. C'est entrer singulièrement dans les vues du législateur, que de frapper certains naturalisés d'une taxe militaire qui soit comme le corollaire de leur naturalisation.

Un autre argument, qui paraît sérieux, est le suivant : La loi parle d'exonération de tout ou partie du service actif ; mais pour qu'il y ait véritablement exonération au sens étymologique du mot, il faut qu'il y ait d'abord obligation ; c'est le cas pour tous les assujettis Français qui doivent en principe le service militaire pendant trois années dès qu'ils ont l'âge requis à cet effet. La situation de l'étranger naturalisé à une époque où sa classe d'âge a accompli tout ou partie du service actif obligatoire, apparaît toute différente ; il ne peut être considéré comme exonéré d'un service qu'il n'a jamais dû, puisqu'il n'a jamais été légalement astreint qu'aux obligations de service incombant à sa classe d'âge au moment de la naturalisation (art. 12, loi du 15 juillet 1889) ; comment dès lors le considérer comme débiteur d'une taxe représentative du service antérieurement fait par sa classe d'âge, et qu'il n'a jamais dû, puisqu'il n'était pas français à ce moment-là ? Quoi qu'il en soit, et malgré que les arguments en faveur de la non-imposition des étrangers naturalisés nous paraissent décisifs, la direction générale des contributions directes s'est arrêtée à une interprétation différente dans son instruction pour l'assiette de la taxe militaire en date du 27 mai 1898 (circulaire n° 927 p. 7). Elle énumère parmi les imposables les étrangers natura-

lisés et prévoit spécialement pour eux le point de départ
et le délai de l'imposition.

Voyons donc quel sera à ce double point de vue la situation des deux catégories reconnues imposables par l'administration, c'est-à-dire des Français sous condition résolutoire et des étrangers naturalisés.

A. — *Etrangers naturalisés.* — Leur situation vis-à-
vis de la taxe dépendra de l'époque de leur naturalisation.
Si elle a lieu postérieurement au passage dans la réserve
de leur classe d'âge, comme ils ne sont assujettis qu'aux
obligations de service de cette classe, ils ne feront aucun
service actif, et payeront la taxe intégralement pendant
trois années.

Si, au contraire, au moment de la naturalisation, leur
classe d'âge est encore sous les drapeaux ; ils seront inscrits sur les tableaux de recensement de la première classe
formée après leur changement de nationalité, incorporés
avec elle, et libérés avec leur classe d'âge ; suivant les cas
ils n'auront été dispensés que d'une ou deux années de
service, et payeront la taxe proportionnellement à la durée
de la dispense.

Soit un étranger né le 1ᵉʳ octobre 1876 et naturalisé le
1ᵉʳ décembre 1897. Il sera porté sur les tableaux de recensement de la classe 1897, formée après son changement de
nationalité incorporé avec elle en novembre 1898, et libéré,
par anticipation, avec sa classe d'âge, c'est-à-dire avec la
classe 1896 en novembre 1900, il n'aura donc été dispensé que d'une seule année de service, et ne payera
qu'une seule fois la taxe, si au lieu d'avoir été naturalisé
en 1897, il ne l'avait été qu'en 1898, et de manière à ne
pouvoir être porté que sur les tableaux de recensement de
l'année suivante, il n'aurait été incorporé qu'en 1899,
bénéficiant ainsi de l'exonération de deux années de ser-

vice, ce qui aurait entraîné le payement de deux annuités
de la taxe. Toutefois, il convient de remarquer que tous
les étrangers naturalisés Français, tardivement inscrits sur
les tableaux de recensement, ne devront pas tous la taxe;
ceux qui par leur âge appartiendraient à une classe antérieure à celle de 1889 ne seront pas légalement imposables puisque les Français d'origine eux-mêmes appartenant aux classes antérieures à 1889, en ont été dispensés
(art. 35, § 8 de la loi du 15 juillet 1889).

De même, ne payeront pas la taxe, ceux qui ne seraient
naturalisés qu'après 45 ans, c'est-à-dire après la libération définitive de leur classe d'âge, alors que cette dernière n'est plus assujettie à aucune obligation militaire.

B. — *Français sous condition résolutoire.* — Leur
situation au point de vue de la taxe est constante, puisqu'ils sont toujours inscrits sur les tableaux de recensement de la classe dont la formation suit l'époque de leur
majorité, c'est-à-dire une année plus tard que leur classe
d'âge, et qu'ils bénéficient d'une manière constante de
l'exonération d'une année de service. Ils ne payeront
qu'une seule fois la taxe. Soit un assujetti né le
1er juillet 1880, il devrait être régulièrement inscrit sur
les tableaux de recensement avec la classe 1900 et être
incorporé en 1901 ; par suite de la faculté d'option qui lui
est laissée, il ne sera incorporé qu'en 1902 avec la classe
1901, dont la formation suit l'époque de sa majorité,
survenue le 1er juillet 1901.

Quant aux hommes visés par la convention Belge, et
qui se trouvent, ainsi que nous l'avons vu, dans une
situation spéciale, ils sont dispensés de deux années de
service actif, par suite de la faculté qui leur est réservée
de n'être inscrits sur les tableaux qu'avec la classe dont
la formation suit l'époque où ils ont atteint l'âge de

22 ans accomplis. Ils devront donc être imposés pendant deux années à la taxe militaire et auront à payer deux annuités de cette taxe.

CHAPITRE II

NON ASSUJETTIS

Ne sont pas soumis à la taxe militaire tous ceux qui ont accompli régulièrement leurs trois années de service actif, cela va de soi, et ne comporte aucun développement spécial.

Y échappent également un certain nombre de jeunes gens qui, bien que non incorporés régulièrement avec le contingent annuel, sont néanmoins considérés comme présents sous les drapeaux ou comme ayant satisfait à l'appel de leur classe. Ce sont :

Les inscrits maritimes.

Les élèves de l'école polytechnique, de l'école forestière, de l'école centrale des arts et manufactures, du service de santé militaire, les élèves militaires des écoles vétérinaires.

Enfin, parmi les jeunes gens du contingent qui ont réellement échappé à tout ou partie du service actif, et qui de ce chef seraient régulièrement imposables, il en est un certain nombre qui pour des considérations diverses en ont été spécialement dispensés.

Ce sont, aux termes du § 2 de l'article 35 modifié par la loi du 13 avril 1898 :

1° Les hommes exemptés de tout service actif ou auxiliaire pour cause d'infirmités par application de l'article 20, de la loi du recrutement ;

2° Les hommes réformés après incorporation ;

3° Les hommes envoyés en congé dans leurs foyers comme soutiens indispensables de famille, par application de l'article 22.

4° Les hommes envoyés en congé dans leurs foyers pour une cause de dispense autre que celle visée au précédent alinéa, quand ils sont reconnus remplir effectivement les devoirs de soutiens indispensables de famille ;

5° Les hommes non compris dans la seconde portion du contingent, et renvoyés par anticipation dans leurs foyers par application de l'article 46 ;

6° Les individus exclus de l'armée comme indignes, les insoumis et les déserteurs ;

7° Les jeunes gens qui se trouvent eux et leurs ascendants dans un état d'indigence notoire.

Nous allons passer successivement en revue les différentes catégories de jeunes gens non assujettis à la taxe et dont l'énumération précède.

A. — Inscrits maritimes.

Le régime connu sous le nom d'inscription maritime remonte à Colbert, qui le substitua au système de la Presse, lequel consistait dans l'enrôlement forcé en cas de besoin, de tous les marins du commerce que les raccoleurs pouvaient saisir.

C'est un mode de recrutement obligeant à servir dans l'armée de mer, tous les hommes exerçant la navigation maritime à titre professionnel.

Cette institution, dont l'origine remonte à Louis XIV, est actuellement régie par la loi toute récente du 24 décembre 1896, mise en vigueur à partir du 1er juillet 1897, laquelle a codifié toutes les dispositions législatives ou réglementaires antérieures, tout en n'apportant qu'un petit nombre de modifications nouvelles à cette législation, dont les bases fondamentales étaient contenues dans la loi du 3 brumaire an IV, laquelle est demeurée en vigueur pendant plus d'un siècle.

L'inscription maritime consiste toujours comme son nom l'indique, dans l'inscription sur les registres matricules de la marine, de tout homme âgé de dix-huit à cinquante ans qui se livre à la navigation ou à la pêche; soit en mer, soit dans les fleuves et rivières, jusqu'aux limites déterminées pour chacun d'eux, par décrets rendus sur la proposition du Ministre de la Marine et insérés au *Bulletin des Lois*.

Cette inscription est subordonnée à des conditions parfaitement définies par les articles 1, 2 et 3 de la loi de 1896.

La durée de l'assujettissement militaire des inscrits maritimes est maintenue (art. 5) de dix-huit à cinquante ans et divisée en trois périodes (art. 20) :

1° La période d'inscription provisoire qui s'écoule depuis l'âge de dix-huit ans jusqu'au jour où commence la période obligatoire; l'appel de l'inscrit de cette catégorie ne peut avoir lieu qu'en temps de guerre et en vertu d'un décret;

2° La période obligatoire qui est de sept ans (art. 23) et se subdivise en une durée de service actif de cinq ans, et une durée de disponibilité de deux ans, pendant laquelle les inscrits sont soumis aux appels ordonnés par le Ministre. Dans la première de cette période obligatoire, l'inscrit peut d'ailleurs n'être pas maintenu effectivement sous les drapeaux soit par suite de sursis, de dispense ou d'envoi en congé;

3° La période de réserve qui comprend tout le temps d'assujettissement postérieur à la période obligatoire, et pendant laquelle les levées ne peuvent avoir lieu qu'en vertu d'un décret.

Quelle que soit d'ailleurs leur situation à ce point de vue, qu'ils soient ou non embarqués, appelés ou non à accomplir sur les bâtiments de l'État un service effectif, et quelle que soit la durée de ce service ; les inscrits maritimes entre autres avantages dont ils jouissent du fait de cette qualité ne doivent pas être imposés à la taxe militaire. Cela résulte implicitement de l'article 30, de la loi du 15 juillet 1889, qui les considère comme ayant satisfait à l'appel de leur classe ; et explicitement du paragraphe 5 de l'article 35, qui après avoir posé le principe que la taxe établie au 1er janvier est due pour l'année entière, décide qu'elle cesse exceptionnellement lorsque l'assujetti obtient son inscription sur les registres matricules de l'inscription maritime.

Bien entendu, si conformément aux dispositions de l'article 30 de la loi de 1889, l'inscrit maritime se faisait rayer du registre matricule, et était porté sur les tableaux de recensement de l'armée de terre, il rentrerait dans le droit commun et serait soumis, le cas échéant, au payement de la taxe au même titre que les jeunes gens de sa classe et dans les mêmes conditions.

B. — Élèves de l'école polytechnique, de l'école forestière, de l'école centrale, des arts et manufactures, du service de santé militaire, élèves militaires des écoles vétérinaires.

Leur situation au point de vue des obligations militaires est réglée par les articles 28 et 29 de la loi du 15 juillet 1889 modifiés par celles des 11 novembre et 26 décembre 1892 et dont la teneur suit :

« Les jeunes gens reçus à l'école polytechnique, à « l'école forestière ou à l'école centrale des arts et manu- « factures qui sont reconnus propres au service militaire, « n'y sont définitivement admis qu'à la condition de con- « tracter un engagement volontaire de trois ans pour les

« deux premières écoles, de quatre pour l'école cen-
« trale.

« Ils sont considérés comme présents sous les drapeaux
« dans l'armée active pendant tout le temps passé par
« eux dans lesdites écoles.

« Ils reçoivent, dans ces écoles, l'instruction militaire
« complète et sont à la disposition du Ministre de la Guerre :

« S'ils ne peuvent satisfaire aux examens de sortie, ou
« s'ils sont renvoyés pour inconduite, ils sont incorporés
« dans un corps de troupes pour y terminer le temps de
« service qui leur reste à faire.

« Les élèves de l'école polytechnique admis dans l'un
« des services civils recrutés à l'école, ou quittant l'école
« après avoir satisfait aux examens de sortie, sans en-
« trer dans aucun de ces services, et les élèves de l'école
« forestière admis dans l'administration des forêts, sont
« nommés sous-lieutenants de réserve et accomplissent
« en cette qualité, dans un corps de troupes, leur troisième
« année de service.

« Ceux qui viendraient à quitter le service civil, dans
« lequel ils ont été admis, n'en resteront pas moins
« soumis aux obligations indiquées par le paragraphe
« précédent.

« Les élèves de l'école centrale des arts et manufac-
« tures quittant l'école après avoir satisfait aux examens
« de sortie, sont admis à subir les épreuves d'aptitude au
« grade de sous-lieutenant de réserve, déterminées par le
« Ministre de la Guerre.

« Ceux de ces élèves qui satisfont à ces examens sont
« nommés sous-lieutenants de réserve et accomplissent,
« en cette qualité, dans un corps de troupes, leur qua-
« trième année de service.

« Ceux qui n'ont pas été jugés susceptibles d'être
« nommés immédiatement sous-lieutenants de réserve,

« sont incorporés dans un corps de troupes comme sim-
« ples soldats et accomplissent une année de service. A la
« fin de cette année de service, ils peuvent être nommés
« sous-lieutenants de réserve s'ils satisfont aux conditions
« d'aptitude fixées par le Ministre.

« Les jeunes gens qui, en sortant de l'école poly-
« technique, de l'école forestière ou de l'école centrale,
« ont été nommés sous-lieutenants de réserve, et qui
« donneraient leur démission avant la fin de l'année de
« service qu'ils doivent accomplir dans un corps de
« troupes, n'en resteront pas moins soumis à toutes les
« conséquences de l'engagement volontaire de trois ou
« quatre ans contracté par eux lors de leur entrée à l'école.

« Les conditions d'aptitude physique, pour l'entrée à
« ces écoles, des jeunes gens qui, au moment de leur
« admission, ne sont pas aptes au service militaire, sont
« fixées par un règlement d'administration publique.

« Art. 29. — Les élèves du service de santé militaire
« et les élèves militaires des écoles vétérinaires contrac-
« tent, en entrant à l'école, l'engagement de servir dans
« l'armée active pendant six ans au moins, à dater de
« leur nomination au grade de médecin aide-major de
« deuxième classe ou d'aide-vétérinaire.

« Ceux qui n'obtiendraient pas le grade d'aide-major ou
« d'aide-vétérinaire, ou qui ne réaliseraient pas l'engage-
« ment sexennal, sont incorporés dans un corps de
« troupes pour trois ans, sans déduction aucune du temps
« écoulé depuis leur entrée à l'école.

« Ces dispositions sont également applicables aux
« élèves de l'école de médecine navale.

« Les élèves de l'école d'administration de la marine
« contractent le même engagement et sont astreints aux
« mêmes obligations dans le cas où ils n'obtiendraient pas

« le grade d'aide-commissaire ou ne réaliseraient pas
« l'engagement sexennal. »

Les jeunes gens visés par les dispositions qui précèdent
ne payent pas la taxe militaire, mais, de même, que pour
les inscrits maritimes, il ne s'agit pas là d'une exemption
véritable comme pour les exonérés des catégories suivantes. Ces jeunes gens remplissent, en effet, des fonctions qui sont considérées comme équivalentes aux trois
années de service actif.

C. — Exemptés de tout service pour cause d'infirmités.

Sont exemptés par le Conseil de revision siégeant au
chef-lieu de canton, les jeunes gens que leurs infirmités
rendent impropres à tout service actif ou auxiliaire. Il
leur est délivré pour justifier de leur situation un certificat qu'ils sont tenus de représenter à toute réquisition
des autorités militaire, judiciaire ou civile. (Loi du
15 juillet 1889, art. 20.)

Une des principales innovations de la loi nouvelle a été,
nous l'avons vu, de dispenser de la taxe militaire de
façon absolue tous les individus visés par l'article 20
qui, d'après la loi de 1889, n'échappaient qu'à la taxe fixe
et seulement lorsqu'ils étaient porteurs d'un certificat du
Conseil de revision constatant qu'ils étaient incapables de
tout travail. (Décret réglementaire du 24 février 1894,
art. 14.)

La nouvelle loi, en prononçant l'exonération complète
des exemptés de l'article 20, a fait disparaître la disposition la plus impopulaire de la loi de 1889, celle contre
laquelle on s'est élevé avec le plus de force tant à la
Chambre qu'au Sénat, et qui a donné lieu aux critiques
les plus vives qu'on ait adressé à la taxe militaire.

Désormais, tous ceux qui, pour une cause tirée de leur
inaptitude physique ou morale, auront été exemptés par le

Conseil de revision, seront affranchis d'une manière absolue du payement de la taxe. Il y a lieu de comprendre dans cette catégorie, outre les jeunes gens réformés lors de leur première comparution devant le Conseil, les jeunes gens qui, après deux ajournements successifs, ne sont pas reconnus aptes au service ni classés dans les services auxiliaires.

D. — Jeunes gens réformés après leur incorporation.

Lorsqu'un homme en activité de service est jugé hors d'état de continuer à accomplir ce service, il reçoit avant l'époque de sa libération normale un congé de réforme et on le renvoie dans ses foyers, libre pour l'avenir de toute obligation militaire. Il existe deux sortes de congés de réforme : le congé dit numéro un, accordé à l'homme dont l'incapacité de servir provient de blessures reçues dans un service commandé ou d'infirmités contractées dans les armées de terre ou de mer, ou même d'infirmités dont le germe existait avant l'incorporation, mais dont le développement ultérieur est dû aux fatigues du service. Le congé numéro 2, délivré à ceux dont la réforme provient de causes étrangères au service. (Instruction ministérielle du 14 mars 1891.)

La loi de 1889 n'exemptait de la taxe que les réformés titulaires du congé numéro 1 : les uns et les autres en sont actuellement affranchis. Dès lors que les exemptés de l'article 20 bénéficiaient de l'exonération de la taxe, il n'y avait aucune raison pour la faire payer aux jeunes gens réformés après incorporation : la réforme n'est, en somme, qu'une exemption prononcée en cours de service ; peu importe que les infirmités qui la motivent soient antérieures ou postérieures à l'incorporation.

E. — Soutiens indispensables de famille (art. 22).

Ce sont les jeunes gens qui, sans se trouver dans les conditions légales prévues par l'article 21, fils aîné de veuve, aîné d'orphelins, etc..., remplissent néanmoins effectivement les devoirs de soutiens indispensables de famille et dont la situation est réglée par l'article 22 de la loi de recrutement ainsi conçu :

« En temps de paix, après un an de présence sous les « drapeaux, peuvent être envoyés en congé dans leurs « foyers, sur leur demande, jusqu'à la date de leur « passage dans la réserve, les jeunes gens qui remplissent « effectivement les devoirs de soutiens indispensables de « famille.

« Les demandes sont adressées, avant le tirage au sort, « au maire de la commune où les jeunes gens sont domi-« ciliés. Il en sera donné récépissé. Elles doivent com-« prendre à l'appui :

« 1° Un relevé des contributions payées par la famille « et certifié par le percepteur ;

« 2° Un avis motivé de trois pères de famille résidant « dans la commune et ayant un fils sous les drapeaux, « ou, à défaut, dans la réserve de l'armée active, et jouis-« sant de leurs droits civils et politiques.

« La liste de ces jeunes gens est présentée par le maire « au Conseil de revision, avec l'avis motivé du Conseil « municipal.   -

« Le nombre des jeunes gens dispensés par le Conseil « départemental de revision, à titre de soutiens indispen-« sables de famille, ne peut dépasser cinq pour cent du « contingent à incorporer pour trois ans.

« Toutefois, le Ministre de la Guerre peut autoriser les « chefs de corps à délivrer, en plus du chiffre fixé ci-« dessus, des congés à titre de soutiens indispensables de

« famille aux militaires comptant un an et deux ans de
« présence sous les drapeaux.

« Le nombre des congés accordés en vertu du para-
« graphe précédent ne pourra pas dépasser un pour cent
« après la première année et un pour cent après la seconde.

« Il sera calculé d'après l'effectif des hommes de la
« classe appartenant au corps.

« Les intéressés devront produire les justifications
« mentionnées ci-dessus.

« Tous les ans, le maire de chaque commune présente
« au Conseil de revision, siégeant au chef-lieu de canton,
« une délibération du Conseil municipal faisant connaître
« la situation des jeunes gens qui ont été renvoyés dans
« leurs foyers comme soutiens de famille. Il est tenu de
« signaler au Conseil de revision les plaintes des per-
« sonnes dans l'intérêt desquelles l'envoi en congé a eu
« lieu en vertu du présent article et de l'article précédent.

« Le Conseil départemental de revision décide s'il y a
« lieu ou non de maintenir ces dispenses. Les jeunes
« gens dont le maintien en congé n'est pas admis sont
« soumis à toutes les obligations de la classe à laquelle
« ils appartiennent. »

Cet article établit deux catégories de soutiens de famille : 1° ceux qui sont reconnus comme tels par le Conseil de revision antérieurement à leur incorporation ;
2° ceux qui sont envoyés en congé par les chefs de corps
en cours de service.

La loi de 1889 les soumettait indistinctement au payement
d'une taxe militaire proportionnelle au temps de service
actif dont ils étaient dispensés. Cette mesure a paru d'une
fiscalité excessive, il a semblé illogique de frapper d'une
taxe même minime des gens dont l'indigence était presque officiellement reconnue.

« Il est illogique et injuste de faire payer à ces hommes

« la dispense qui leur est accordée précisément à cause
« de la situation précaire de leur famille. Tous les soutiens
« de famille ne sont pas des indigents reconnus comme
« tels, mais tous appartiennent aux classes les moins
« aisées de la population, et il est contraire à l'équité de
« leur faire acheter par une taxe que ne supporte pas l'en-
« semble des contribuables, un avantage que légitime
« leur pauvreté même. (Rapport présenté par M. de Lay-
« teyrie au Ministre des Finances au nom de la commission
« extra-parlementaire.)

C'est en s'inspirant de ces considérations que la nouvelle loi a formellement affranchi de la taxe les soutiens
de famille. (Alinéa 1., § 2, art. 35, modifié.)

F. — Jeunes gens envoyés en congé dans leurs foyers
pour une cause de dispense
autre que celle prévue par l'article 22,
mais remplissant effectivement les devoirs de soutiens
indispensables de famille.

La Commission extra-parlementaire, chargée d'étudier
la réforme de la taxe militaire, avait bien proposé l'exonération des soutiens indispensables de famille reconnus
comme tels en dehors de ceux visés par l'article 22, mais
elle limitait l'exonération de ce chef aux dispensés de
l'article 21.

La loi nouvelle (alinéa 2, § 2, art. 35 modifié) est allée
plus loin, elle étend l'exonération à tous les hommes
classés dans les services auxiliaires ou envoyés en congé
dans leurs foyers, en vertu des articles 21, 23, 39 de la
loi de recrutement, et qui, postérieurement à leur envoi en
congé, seront reconnus remplir effectivement les devoirs
de soutiens indispensables de famille. Cette catégorie
d'exonérés ne se confond pas avec ceux de l'article 22,
bien qu'en fait la cause effective de l'exonération, c'est-

à-dire la qualité de soutien indispensable de famille soit identique. Cette qualité reconnue confère donc la dispense dans tous les cas ; qu'elle ait été constatée avant ou après l'envoi en disponibilité, qu'elle soit ou non la cause de cet envoi en disponibilité, et de la dispense partielle du service actif qui en est la conséquence.

La loi a prévu comment aurait lieu pour les dispensés de cette catégorie, la reconnaissance de la situation qui leur confère l'exonération de la taxe. Cette reconnaissance est demandée par les intéressés et acordée, maintenue ou retirée par le Conseil départemental de revision dans les formes déterminées par les articles 22 et 34. Les hommes reconnus comme soutiens de famille par application des dispositions qui précèdent ne doivent pas être comptés pour la fixation du nombre de ceux qui peuvent être envoyés dans leurs foyers par application de l'article 22. (alinéa 2, art. 35 modifié.)

Cette disposition doit s'entendre en ce sens que la détermination des sentiens de famille, dans le cas qui nous occupe, étant faite uniquement en vue de l'exonération de la taxe militaire et portant sur des jeunes gens déjà envoyés en congé pour des causes étrangères à leur qualité de soutiens de famille, doit demeurer sans influence sur la fixation du nombre annuel de ceux auxquels il y a lieu de reconnaître cette qualité pour les faire bénéficier de l'envoi en congé prévu par l'article 22.

G. — Jeunes gens renvoyés par anticipation (art. 46).

Ce sont les jeunes gens qui bénéficient des dispositions de l'article 46 de la loi de recrutement ainsi conçu : « Le « nombre d'hommes entretenus sous les drapeaux est en « cas d'excédent ramené à l'effectif déterminé par les lois, « au moyen du renvoi dans leurs foyers, après une année

« de service des hommes dont les numéros du tirage
« précèdent immédiatement ceux qui ont été désignés
« pour la disponibilité aux termes de l'art. 39. »

Le renvoi dans leurs foyers après une année de service
des hommes de cette catégorie, a pour but de ramener à
l'effectif budgétaire le nombre d'hommes entretenus
annuellement sous les drapeaux.

Leur situation, au point de vue de la taxe militaire,
semble bien, au premier abord, la même que celle des
hommes classés dans la deuxième portion du contingent
et envoyés en disponibilité en vertu de l'article 39; le
législateur de 1898 n'a pourtant pas cru devoir assimiler
leurs situations respectives, puisqu'il a exonéré de la taxe
les hommes renvoyés par anticipation en vertu de l'article 46.

Le rapport présenté par M. de Lasteyrie au nom de la
Commission extra-parlementaire nous en fournit sans
doute les raisons. Le législateur a pensé qu'il était injuste
de soumettre ces jeunes gens à une taxe, parce que la
mesure dont ils bénéficiaient n'était pas prise dans leur
intérêt, et que d'ailleurs, dans la plupart des cas, renvoyés
à l'improviste alors qu'ils croyaient faire trois
années de service, ils se trouvaient pris au dépourvu et
exposés à rester quelque temps sans emploi et à la charge
de leur famille.

Il ne semble pas que ces arguments soient bien convaincants.
Étant donné le principe de la taxe militaire; il
ne s'agit pas de savoir si la mesure qui a profité aux
dispensés a été ou non prise dans leur intérêt, mais bien
si elle leur a été d'un véritable profit personnel; peu importe
la cause, il faut envisager le résultat. Or, en l'espèce,
on peut affirmer que, dans la majorité des cas, le
renvoi anticipé des hommes qui bénéficient de l'article 46,
présente ce caractère d'utilité effective.

Cette nouvelle exemption prononcée par la nouvelle loi se justifie en tous cas beaucoup moins facilement que celle relative aux dispensés pour infirmités physiques, et aux soutiens indispensables de famille, qui ont déjà diminué si notablement le rendement de la taxe telle qu'elle fonctionnait d'après la loi du 15 juillet 1889.

H. — Jeunes gens exclus de l'armée comme indignes, insoumis et déserteurs.

Indignes. — Ce sont les individus visés par l'article 4 de la loi du 15 juillet 1889.

Le service militaire qui constitue une charge, par certains côtés, peut être considéré en même temps comme un honneur ; à ce titre, on ne pouvait admettre comme faisant partie intégrante de l'armée, des hommes flétris par certaines condamnations. D'autre part, il importait de ne pas les mettre en contact avec des jeunes gens pour lesquels leur fréquentation ne pouvait avoir que des conséquences fâcheuses.

Pour prévenir cet état de choses, l'article 4 de la loi du 15 juillet 1889 décide que : « sont exclus de l'armée, mais « mis soit pour leur temps de service actif, soit en cas de « mobilisation à la disposition du Ministre de la Marine « et des Colonies qui détermine par arrêtés les services « auxquels ils peuvent être affectés :

1° Les individus qui ont été condamnés à une peine « afflictive et infamante ou à une peine infamante seu- « lement, dans le cas prévu par l'article 177 du Code « pénal (cet article prévoit la peine de la dégradation « civique en cas de corruption de fonctionnaire) ;

« 2° Ceux qui ayant été condamnés à une peine cor- « rectionnelle de deux ans d'emprisonnement et au dessus « ont été en outre, par application de l'article 42 du Code

« pénal, frappés de l'interdiction de tout ou partie de
« l'exercice des droits civiques, civils et de famille.

« 3ᵉ Les relégués collectifs. »

La loi ne mentionne plus parmi les causes d'exclusion la
surveillance de la haute police qui était prévue par
l'article 144 du Code pénal et s'appliquait subsidiairement
à certaines condamnations principales. Cette peine a été
effectivement supprimée par la loi du 27 mai 1885.
article 19 qui a établi la relégation.

La relégation consiste dans l'internement perpétuel sur
le territoire des colonies ou possessions françaises, des
récidivistes qui, dans l'espace de dix ans, ont encouru
plusieurs condamnations dont le nombre déterminé par
l'article 4 varie suivant la gravité des peines.

Le rgèlement d'administration publique du 25 novembre
1885 distingue les relégués en deux catégories.

Les relégués individuels résidant en liberté dans la
colonie, soumis au droit commun et aux juridictions
ordinaires (art. 2).

Les relégués collectifs internés en commun sur un
territoire déterminé, où l'administration pourvoit à leur
subsistance et où ils sont astreints au travail. Ils sont
justiciables d'une juridiction spéciale (art. 3).

Les uns et les autres, bien que soumis à un régime
différent, sont considérés comme indignes et exclus de
l'armée, mais tandis que les premiers sont entièrement
assimilés aux autres condamnés visés par l'article 4, il est
fait aux relégués individuels une situation plus favorable.

Les relégués individuels sont effectivement incorporés
dans les corps de disciplinaires coloniaux. Le Ministre de
la Marine désigne le corps auquel chacun est affecté en
cas de mobilisation.

Bien que les hommes, dont la désignation précède, soient
considérés comme exclus de l'armée, et n'accomplissent

pas leurs trois années de service actif dans les conditions normales, ils ne sont pas imposables; car ils n'en sont pas moins soumis à des obligations plus dures encore par certains côtés que le service actif ordinaire. D'ailleurs, la situation dans laquelle ils se trouvent ne saurait être considérée comme une exonération et une dispense dont ils retirent un véritable bénéfice.

A plus forte raison ne saurait-il être question de soumettre à la taxe les jeunes gens visés par l'article 5 de la loi de recrutement ainsi conçu ;

« Les individus reconnus coupables de crimes et con-
« damnés seulement à l'emprisonnement par application
« de l'article 463 du Code pénal :

« Ceux qui ont été condamnés correctionnellement à trois
« mois de prison au moins pour outrage public à la pudeur,
« pour délit de vol, escroquerie, abus de confiance ou atten-
« tat aux mœurs prévu par l'article 334 du Code pénal;

« Ceux qui ont été l'objet de deux condamnations au
« moins, quelle qu'en soit la durée, pour l'un des délits
« spécifiés dans le paragraphe précédent;

« Sont incorporés dans les bataillons d'infanterie légère
« d'Afrique :

« Ceux qui, au moment de l'appel de leur classe, se
« trouveraient retenus, pour ces mêmes faits, dans un
« établissement pénitentiaire, seront incorporés dans les-
« dits bataillons à l'expiration de leur peine, pour y
« accomplir le temps de service prescrit par la présente loi.

« Après un séjour d'une année dans ces bataillons, les
« hommes désignés au présent article, qui seraient l'objet
« de rapports favorables de leurs chefs, pourront être
« envoyés dans d'autres corps par le Ministre de la Guerre. »

Ces hommes ne sont pas exclus de l'armée, ils en font partie intégrante et accomplissent simplement leur service actif dans des corps spéciaux et déterminés.

I. — Insoumis et déserteurs.

« Tout jeune soldat appelé, au domicile duquel un ordre
« de route a été régulièrement notifié, et qui n'est pas
« arrivé à sa destination au jour fixé par cet ordre, est,
« après un délai d'un mois en temps de paix, et de deux
« jours en temps de guerre, et hors le cas de force ma-
« jeure, puni, comme insoumis, d'un emprisonnement
« d'un mois à un an en temps de paix, et de deux à cinq
« ans en temps de guerre. Dans ce dernier cas, à l'expi-
« ration de sa peine, il est envoyé dans une compagnie
« de discipline.

« En temps de guerre, les noms des insoumis sont affi-
« chés dans toutes les communes du canton de leur domi-
« cile ; ils restent affichés pendant toute la durée de la
« guerre. Le condamné pour insoumission ou désertion
« en temps de guerre sera, en outre, privé de ses droits
« électoraux.

« Ces dispositions sont applicables à tout engagé volon-
« taire qui, sans motifs légitimes, n'est pas arrivé à sa
« destination dans le délai fixé par sa feuille de route.

« En cas d'absence du domicile, l'ordre de route est
« notifié au maire de la commune dans laquelle l'appelé a
« été porté sur la liste de recensement.

« A l'égard des appelés, le délai d'un mois sera porté :

« 1° A deux mois, s'ils demeurent en Algérie, en Tunisie
« ou en Europe ;

« 2° A six mois, s'ils demeurent dans tout autre pays.

« En temps de guerre ou en cas de mobilisation, par
« voie d'affiches et de publications sur la voie publique, les
« délais ci-dessus seront diminués de moitié.

« L'insoumis est jugé par le Conseil de guerre de la ré-
« gion de corps d'armée dans laquelle il est arrêté.

« Le temps pendant lequel l'engagé volontaire ou le
« jeune soldat appelé aura été insoumis ne compte pas
« dans les années de service exigées. La prescription
« contre l'action publique résultant de l'insoumission ne
« commence à courir que du jour où l'insoumis a atteint
« l'âge de 50 ans. »

Cet article établit suffisamment la condition de l'insoumis, pour qu'il soit utile d'y insister davantage au
point de vue de la taxe militaire.

Avec l'insoumis il ne faut pas confondre le déserteur :
la désertion s'applique à l'homme déjà incorporé qui s'ab-
sente de son corps sans autorisation pendant un délai
préfixé, ou qui ne rejoint pas à l'expiration des congés ou
permissions qui lui ont été accordés.

Au point de vue de la taxe militaire la situation de l'insoumis ou du déserteur est d'ailleurs identique ; l'un et
l'autre échappent en fait à tout ou partie du service actif.

Sous l'empire de l'ancienne législation, et par suite de
l'interprétation donnée à l'ancien article 35 de la loi du
15 juillet 1889, les insoumis et les déserteurs étaient
imposés à la taxe militaire.

Aux termes du paragraphe premier de cet article
« étaient assujettis au payement de la taxe tous ceux qui,
« par suite d'exemption..... ou pour tout autre motif,
« bénéficiaient de l'exonération du service actif. »

Le décret portant règlement d'administration publique
sur la taxe militaire du 30 décembre 1890 remplacé par
celui du 24 février 1894 (art. 29) avait considéré que
les insoumis et les déserteurs se trouvaient visés par la
disposition générale de l'article 35 *in fine*, assimilant ainsi
à une exonération l'état de fait résultant pour les insoumis et les déserteurs de leur non-présence sous les drapeaux. Conformément aux dispositions du décret, la
Direction générale des Contributions directes, dans son

instruction pour l'assiette de la taxe, les avait compris dans l'énumération des individus imposables. (Circulaire n° 852 du 3 mars 1894.)

Quant aux tribunaux administratifs, ils avaient résolu diversement la question.

Les Conseils de préfecture donnaient en général à l'article 35 une interprétation contraire à celle adoptée par l'administration, et refusaient d'assimiler à l'exonération prévue par cet article la situation de fait résultant pour les insoumis et les déserteurs, de leur non-présence sous les drapeaux. Ils considéraient qu'il n'y avait aucune analogie entre cette situation de fait, et l'exonération proprement dite qui devait résulter d'un texte et d'une disposition légale prise en faveur de ceux qui devaient en bénéficier. Il y avait si peu exonération que les insoumis et les déserteurs étaient immédiatement incorporés du jour où ils tombaient entre les mains de l'autorité militaire. (Conseil de préfecture de la Seine. Affaire Liégaux. Arrêté du 12 décembre 1894.)

Le Conseil d'État au contraire assimilant l'insoumission et la désertion à une exonération, considérait les insoumis et les déserteurs comme légalement imposables. (Affaire Crétin, arrêt du 3 juillet 1896. Leb., *Chr.*, p. 545.)

Quoi qu'il en soit de cette jurisprudence relative à la situation des insoumis et des déserteurs, il faut décider qu'actuellement ils ne doivent plus être considérés comme légalement imposables.

Le nouvel article 35 paragraphe 1er procède en effet par voie d'énumération limitative des individus imposables, et ne mentionne pas parmi eux les insoumis et les déserteurs.

Cette solution est justifiée, dans les termes suivants, par M. de Lasteyrie, dans le rapport présenté au nom de la Commission extra-parlementaire chargée d'étudier la ré-

forme de la taxe : « La Commission n'a pas cru devoir
« comprendre parmi les assujettis à la taxe, une autre
« catégorie d'hommes que la législation actuelle y soumet,
« ce sont les insoumis et les déserteurs : Il ne s'agit point
« en effet, dans ce cas, d'hommes bénéficiant d'une
« dispense reconnue par la loi, mais bien de coupables
« qu'il ne convient pas de frapper d'un impôt, mais de
« punir d'une peine personnelle. L'impôt, quelque système
« que l'on adopte, restera toujours en fait à la charge des
« ascendants et il est aussi cruel qu'injuste de soumettre
« à une taxe spéciale, un père qui a le malheur d'avoir
« pour fils un misérable en révolte avec les lois de son
« pays. »

J. — Dispensés pour cause d'indigence notoire.

Sont dispensés de la taxe les contribuables en état d'indigence notoire. (Alinéa 4, § 2, art. 35, modifié par la loi
du 13 avril 1898.)

On s'est préoccupé, lors de la discussion au Sénat de la
loi de 1889, des moyens de déterminer l'indigence notoire:
quelques-uns voulaient que cette question fût réglée dans
la loi elle-même dont elle faisait partie intégrante et dont
elle constituait plus qu'une simple mesure d'application
qui pût être renvoyée à un règlement d'administration
publique. Le rapporteur, au Sénat, combattit cette théorie
en faisant observer que c'était là un point de détail qui
n'était pas forcément du domaine du législateur, que la
détermination de l'indigence notoire n'était qu'une mesure
d'exécution de la loi. Cette opinion prévalut, et la loi resta
muette sur la question qui fut d'abord résolue par le
décret réglementaire du 30 décembre 1890, aujourd'hui
remplacé par celui du 24 mai 1898 (art. 3), d'après lequel
« ne sont pas compris à l'état matrice et au rôle les im-

« posables qui sont en état d'indigence notoire. Pour
« l'application de la disposition qui précède, l'état d'in-
« digence notoire résulte : 1° des décisions prises par les
« Conseils municipaux pour l'assiette de la contribution
« personnelle-mobilière en exécution de l'article 18 de la
« loi du 21 avril 1832 ; 2° de décisions spéciales que
« prennent ces Conseils lorsque l'intéressé ne figure pas
« au rôle de la contribution personnelle-mobilière, non
« pour cause d'indigence, mais comme ne jouissant pas
« de ces droits ».

Pour envisager nettement les dispositions de cet article,
il est nécessaire de rappeler succinctement quelques règles
relatives à l'établissement de la contribution personnelle-
mobilière :

« Elle est due par chaque habitant français et étranger,
« de tout sexe et de tout âge, jouissant de ses droits et
« non réputé indigent.

« Sont considérés comme jouissant de leurs droits, les
« veuves et femmes séparées de leur mari, les garçons et
« filles majeurs ou mineurs, ayant des moyens suffisants
« d'existence, soit par leur fortune personnelle, soit par
« la profession qu'ils exercent, lors même qu'ils habitent
« avec leur père, mère, tuteur ou curateur. » (Loi du
21 avril 1832, art. 12.) Ainsi donc, pour être imposable
à la taxe personnelle-mobilière il faut :

1° *Jouir de ses droits.* — Il ne s'agit pas ici de la
jouissance des droits politiques, ni même de la jouissance
des droits civils au sens juridique du mot ; un contribuable doit être considéré comme jouissant de ses droits
au sens fiscal, quand il a des moyens personnels d'existence qui lui viennent de sa fortune propre ou de l'exercice
d'une profession ;

2° N'avoir pas été exempté comme indigent par le
Conseil municipal (art. 18 de la loi du 21 avril 1832).

Il faut bien remarquer d'ailleurs que ces deux causes de dispenses de la taxe personnelle-mobilière : l'indigence d'une part, le fait de ne pas jouir de ses droits dans le sens de la loi de 1832, d'autre part, ne se confondent pas. On peut ne pas jouir de ses droits, c'est-à-dire n'avoir pas de ressources personnelles et vivre des libéralités d'autrui et cependant n'être pas indigent, c'est le cas de beaucoup de fils de famille qui, loin d'être indigents et de se trouver dans une situation telle qu'ils n'aient que le strict nécessaire pour subvenir à leurs besoins matériels, jouissent au contraire souvent du superflu. Ce ne sont pas des indigents, et pourtant comme ils ne jouissent pas de leurs droits, ils ne sont pas imposables.

Ceci exposé, revenons aux dispositions du règlemeut d'administration publique pour la détermination de l'indigence en ce qui concerne les assujettis et leurs ascendants. Pour résoudre les différents cas qui peuvent se présenter, il faut envisager quelle est leur situation au point de vue de la taxe personnelle-mobilière.

A... — Si l'assujetti et son ascendant figurent tous deux à la taxe personnelle-mobilière ou à la taxe personnelle seulement, ils ne sauraient être exemptés comme indigents de la taxe militaire, alors même que le Conseil municipal croirait devoir prendre une décision spéciale à leur égard, postérieurement à la publication du rôle personnel-mobilier sur lequel ils auraient été portés. D'une façon générale d'ailleurs, le Conseil municipal ne peut valablement rendre à leur égard deux décisions contradictoires relativement à la personnelle mobilière et à la taxe militaire. Il ne saurait exempter de la taxe militaire des contribuables figurant au rôle personnel-mobilier, de même qu'il ne pourrait faire imposer à la taxe un contribuable qu'il aurait exempté de l'impôt personnel à titre d'indigent.

B... — Ni l'assujetti, ni son ascendant ne figurent au

rôle personnel-mobilier. Il faut alors faire les distinctions suivantes (Instruction du 27 mai 1898) :

1° Pour les assujettis *lorsqu'ils jouiront de leurs droits* et pour les ascendants imposables, l'indigence notoire résultera de l'exemption de la contribution personnelle-mobilière, prononcée en leur faveur en exécution de la loi du 21 avril 1832 (art. 18.)

2° Pour les assujettis *lorsqu'ils ne jouiront pas de leurs droits*, l'indigence ne pourra résulter que de décisions spéciales prises à cet effet par les Conseils municipaux.

Cette solution s'explique facilement, elle est toute naturelle : lorsque les assujettis ne figurent pas au rôle personnel comme ne jouissant pas de leurs droits, il n'en résulte aucune présomption d'indigence analogue à celle qui s'attache au cas précédent; il fallait donc que leur situation à ce point de vue fût constatée par une décision spéciale rendue par le Conseil municipal.

Ces décisions spéciales (Instruction précitée du 27 mai 1898) devront être provoquées par le contrôleur. Il rédigera à l'aide, soit des renseignements recueillis dans la commune où sont domiciliés les redevables, soit des indications obtenues au moyen de bulletins venant des autres contrôles, la liste des jeunes gens susceptibles d'être exemptés de la taxe pour cause d'indigence. Il remettra cette liste au maire avec l'état matrice et l'invitera à la soumettre au Conseil municipal et à l'adresser ensuite au directeur. Ce chef de service sera avisé par le contrôleur du dépôt de la liste en question par une annotation consignée sur la première page de l'état matrice, et il priera au besoin le préfet de prendre les mesures nécessaires pour que la décision du Conseil municipal intervienne dans un bref délai.

En résumé qu'il s'agisse des ascendants, ou des assujettis jouissant ou non de leurs droits, le bénéfice résultant de l'état d'indigence ne pourra leur être acquis que par la constatation qu'en aura faite directement ou indirectement le Conseil municipal.

Mais quelle est la nature et l'étendue des pouvoirs de cette assemblée, soit qu'elle statue directement par une décision spéciale à la taxe militaire sur la situation de certains assujettis, soit qu'elle ait déjà statué à propos de la taxe personnelle-mobilière?

La loi de 1889 et le règlement d'administration publique étant muets à cet égard, il convient de se reporter aux dispositions de la loi de 1832, relatifs aux pouvoirs du Conseil pour la détermination de l'indigence en matière d'impôt personnel-mobilier. L'article 18 dispose que « lors « de la formation de la matrice le travail des répartiteurs « sera soumis au Conseil municipal qui désignera les habi-« tants qu'il croira devoir exempter de toute cotisation, et « ceux qu'il jugera convenable de n'assujettir qu'à la taxe « personnelle ».

Un pouvoir délégué en ces termes participe, semble-t-il, de la nature du pouvoir législatif, car le Conseil muni-cipal prononce au profit des indigents une véritable exemp-tion et augmente d'autant le contingent à répartir entre les autres habitants de la commune. Il faut dès lors consi-dérer sa désignation comme souveraine et refuser le droit de réclamer à tout individu qu'il n'a pas cru devoir exempter. Son indigence fût-elle notoire et absolue, ce dernier n'aurait d'autres ressources que de s'adresser au préfet, non pour solliciter une exemption que ce fonc-tionnaire n'aurait pas qualité pour lui accorder, mais pour demander une remise et faire porter sa cotisation au rang des cotes irrécouvrables (1).

Aucun texte spécial à la taxe militaire n'étant venu res-

____

(1) Dufour, *Droit administratif*, t. IV, p. 185.

treindre l'étendue des pouvoirs du Conseil municipal, il y a lieu d'appliquer les mêmes principes et de décider qu'aucun recours contentieux n'est ouvert contre leurs décisions relatives à l'état d'indigence des assujettis, qui n'auraient par conséquent d'autres ressources que d'adresser au préfet d'abord, puis au Ministre une demande en remise gracieuse.

Telle est la théorie confirmée d'ailleurs par la jurisprudence du Conseil d'État. Toutes les fois qu'il est saisi d'une demande en décharge, fondée sur l'indigence, ou la modicité des ressources du contribuable, il se borne après avoir recherché si le réclamant jouit de ses droits, à répondre que le contribuable n'a pas été désigné par le Conseil municipal comme devant être exempté de la contribution personnelle-mobilière. Très nombreuses sont les décisions rendues sur ce point ; parmi les plus récentes on peut citer : 6 juillet 1888, Grimm, (Lebon *Chr.*, p. 616), 7 mars 1891, Nellès, (Leb. *Chr.*, p. 200), 6 juin 1891, Dodré, (Leb. *Chr.*, p. 423), 19 février 1892, Després, (Leb. *Chr.*, p. 168), 19 novembre 1892, Le Flem, (Leb. *Chr.*, p. 79).

Réciproquement d'ailleurs, et en cas de dispense prononcée par le Conseil municipal pour cause d'indigence ; l'administration ne pourrait contester le bien-fondé d'une pareille décision et n'aurait aucun moyen légal de rétablir au rôle les contribuables qu'elle jugerait avoir été exemptés mal à propos.

En conséquence, toutes les fois qu'un Conseil municipal, en vertu de l'article 18 de la loi de 1832, et dans les limites et les termes de cet article, aura prononcé sur l'état d'indigence des contribuables par voie de désignation spéciale et individuelle, sa décision sera souveraine et non susceptible d'un recours contentieux.

Mais, en dehors de ce pouvoir qui lui est délégué par l'article 18 de la loi de 1832, le Conseil municipal jouit encore, aux termes des articles 20 de la même loi et 5 de celle du 3 juillet 1846, d'une autre prérogative :

Dans les villes ayant un octroi, le contingent personnel-mobilier peut être payé en totalité ou en partie par le produit des caisses municipales sur la demande qui en sera faite au Préfet par les Conseils municipaux. Ces Conseils déterminent la portion du contingent à prélever sur les produits de l'octroi. La portion à percevoir au moyen d'un rôle est répartie au centime le franc des loyers d'habitation, après déduction des faibles loyers que les Conseils municipaux croiront devoir exempter de la cotisation. Les délibérations de l'espèce ne sont exécutoires qu'après avoir été approuvées par décret.

Lorsqu'un Conseil municipal, usant du droit qui lui est conféré par les articles ci-dessus, a exempté par mesure collective toute une catégorie d'habitants considérés comme indigents en raison du chiffre de leurs loyers, cette délibération doit-elle être considérée comme souveraine au même titre que les décisions spéciales et individuelles prises en vertu de l'article 18 de la loi de 1832 ? Le Conseil d'État ne l'a pas pensé, et tout en reconnaissant qu'une présomption d'indigence peut résulter en faveur des contribuables d'une délibération collective prise dans ces termes par le Conseil municipal, il admet que cette décision est susceptible d'un recours contentieux et qu'il appartient aux tribunaux administratifs d'apprécier si le Conseil municipal n'a pas usé de son droit d'exonération dans un autre but que celui en vertu duquel il lui a été donné. (Conseil d'État : Petitjean, 9 juin 1869 ; Lebon, *Chr.*, p. 588 ; Lamy, 11 juin 1880 ; Lebon, *Chr.*, p. 539.)

Dans cette dernière affaire, il s'agit d'un arrêt rendu sur un pourvoi contre une décision du Conseil de préfecture de la Seine qui semblait ne pas admettre le droit de discuter au contentieux la présomption collective d'indigence que le Conseil municipal de Paris avait appliquée à tous les habitants payant un loyer matriciel inférieur à 400 francs.

Voici quelques-uns des considérants de cet arrêt :

« Considérant qu'aux termes des articles 12 et 18 de
« la loi de 1832, il appartient au Conseil municipal de
« désigner les habitants réputés indigents qui doivent
« être à ce titre exemptés de toute cotisation.

« Considérant que c'est par application de ces disposi-
« tions que le Conseil municipal de Paris a, par sa délibé-
« ration du 11 décembre 1876, désigné comme devant être
« exemptés de toute cotisation les habitants portés aux
« états dressés par les commissaires répartiteurs comme
« payant un loyer inférieur à 400 francs, en exceptant
« toutefois les propriétaires logés dans leur propre
« maison, les personnes ayant à Paris un simple pied à
« terre, les patentables dont le loyer d'habitation réuni au
« loyer industriel atteint 400 francs, les propriétaires qui
« alors même qu'ils n'habitent pas leur propriété, payent
« à Paris une contribution foncière s'élevant à 300 francs.

« Considérant qu'aucune disposition de la loi n'a spé-
« cifié les circonstances et conditions auxquelles devait
« s'attacher la présomption d'indigence, que d'ailleurs le
« Conseil municipal en prenant pour base de son appré-
« ciation le payement d'un loyer inférieur à 400 francs a
« stipulé certaines exceptions tirées de la situation indivi-
« duelle des contribuables, qu'ainsi il n'a pas fait du
« chiffre dudit loyer la base unique et exclusive de la
« présomption d'indigence et qu'il a agi dans l'exercice
« du pouvoir qu'il tient de la loi.

« Mais considérant que les habitants payant un loyer
« inférieur à 400 francs qui sont imposés à une contribu-
« tion foncière pouvant s'élever jusqu'à 300 francs ne

« sauraient manifestement être tous réputés indigents;
« que, dès lors, le Conseil municipal, en désignant l'en-
« semble de cette catégorie d'habitants comme devant être
« exemptés en qualité d'indigents, a usé du droit que lui
« confèrent les dispositions précitées de la loi de 1832,
« dans un autre but que celui en vue duquel il lui a été
« donné et par suite a excédé ses pouvoirs.

« Considérant, etc... »

On le voit, cet arrêt limite formellement les pouvoirs du Conseil municipal quant à la détermination de l'indigence lorsqu'il s'agit d'une mesure prise par voie de délibération collective. Le Conseil n'est souverain que s'il reste dans les termes de l'article 18 de la loi de 1832, et statue par des décisions spéciales et individuelles.

Même dans cette limite, il est permis de regretter l'étendue du pouvoir donné aux Conseils municipaux, surtout quand il s'agit d'un impôt de quotité comme la taxe militaire. Les Conseils municipaux peuvent effectivement, en accordant avec trop de facilité le bénéfice de la présomption d'indigence, faire ainsi disparaître des éléments d'imposition et compromettre dans une certaine mesure le rendement de la taxe. Cet inconvénient serait moins à redouter s'il s'agissait d'un impôt de répartition, car en pareil cas les Conseils municipaux sont généralement retenus dans la voie des libéralités par la perspective d'augmenter la part d'impôt des autres contribuables.

SECTION II

COMPOSITION ET CALCUL DES ÉLÉMENTS DE LA TAXE

La loi du 13 avril 1898 a grandement modifié sur ce point la législation antérieure.

Aux termes du paragraphe 3 de l'article 35 modifié :

« La taxe militaire se compose de : 1° une taxe fixe « de six francs ; 2° une taxe proportionnelle égale à « trois fois le montant en principal de la cote personnelle « et mobilière de l'assujetti.,.

« Si l'assujetti a encore ses ascendants du premier « degré ou l'un d'eux, la taxe proportionnelle est augmentée « du quotient obtenu en divisant le triple de la cote per- « sonnelle et mobilière en principal de celui des ascen- « dants du premier degré qui est le plus imposé à cette « contribution également en principal, par le nombre des « enfants vivants et des enfants représentés dudit ascendant.

« Pour l'application des dispositions du présent article « dans le cas de décès du père de l'assujetti, si la mère « veuve ou divorcée s'est remariée, son mari est considéré « comme un ascendant du premier degré de l'assujetti.

« Les cotisations imposables sont la cote personnelle « imposée au rôle du domicile, et la plus élevée en prin- « cipal des cotes mobilières auxquelles les contribuables « sont assujettis soit dans le même rôle, soit dans les « rôles d'autres communes. Elles sont déterminées sans « égard aux prélèvements qui peuvent servir à les « acquitter sur les produits de l'octroi. »

Il résulte de ce texte, que la taxe militaire se divise en deux parties bien distinctes :

1° L'une fixe ;

2° L'autre proportionnelle.

Cette dernière, comprenant elle-même deux éléments basés :

L'un sur trois fois le montant en principal de la cote personnelle-mobilière de l'assujetti ;

L'autre, sur trois fois le montant, également en principal, de la cote personnelle-mobilière de l'ascendant du premier degré, le plus imposé à cette contribution.

Cette conception de deux éléments : l'un fixe, l'autre proportionnel a pour but de donner satisfaction, d'une part, au principe de la proportionnalité de l'impôt, et d'autre part de rendre la taxe plus productive pour le Trésor.

L'exemption du service militaire accordée par la loi est une faveur qu'il est équitable de faire payer par les bénéficiaires dans la mesure de leurs facultés, l'armée défendant la personne et les biens, il était rationnel de concevoir deux éléments de la taxe : l'un fixe, correspondant à la protection de l'individu et constituant une sorte de capitation ; l'autre proportionnel, correspondant à l'intérêt que la défense présente par rapport au patrimoine, et variable comme la valeur du patrimoine lui-même.

Mais si l'on avait calculé l'élément proportionnel sur les seuls biens de l'assujetti, il est certain que dans la plupart des cas, l'impôt aurait manqué de base à raison de l'âge et de la situation sociale des débiteurs, qui la plupart du temps n'ont pas de biens personnels. — D'où la nécessité pour le législateur de chercher une assiette plus large de l'impôt et d'y comprendre non seulement la fortune propre de l'assujetti mais encore celle de sa famille.

CHAPITRE PREMIER

TAXE FIXE

Cet élément de la taxe est un véritable impôt de capitation dont le taux est uniformément fixé, à six francs pour tous les assujettis. Lors des discussions préparatoires de la loi de 1889, la commission du Sénat avait proposé de la fixer à douze francs, mais on fit observer que ce serait une charge parfois très lourde pour l'ascendant nécessiteux chargé d'une nombreuse famille. et obligé de faire l'avance de toutes les taxes fixes de ses enfants. Cette considération avait sa valeur, alors surtout que la période d'imposition était beaucoup plus longue qu'elle ne l'est actuellement.

La loi de 1898 a limité sur ce point la responsabilité de l'ascendant par une disposition ainsi conçue :

« Lorsqu'en conformité du paragraphe 6 du présent
« article, un ascendant est imposé à la taxe militaire pour
« plusieurs fils dans le rôle d'une même année, il ne paye
« néanmoins qu'une seule taxe fixe de 6 francs. Cette
« taxe est répartie par portions égales entre les cotisa-
« tions des assujettis qu'elle concerne.

L'ascendant n'est donc plus désormais responsable que du payement d'une seule taxe fixe, alors même que du chef de plusieurs enfants, il figure au rôle pour plusieurs taxes. En pareil cas, le Trésor conserve bien entendu le droit d'en poursuivre le recouvrement contre chaque assujetti directement, mais il ne peut poursuivre l'ascendant qu'à concurrence du montant de l'une des taxes fixes pour lesquelles il figure au rôle dans une même année.

Soit un père de famille dont les deux fils sont en même temps passibles de la taxe, et qui figure à ce titre sous deux articles différents dans le rôle d'une même année. D'après l'ancienne législation il aurait dû faire l'avance de la somme de douze francs, montant des deux taxes fixes; désormais, il ne pourra plus être poursuivi que pour la moitié de cette somme. Bien entendu le Trésor conserve son action contre chaque assujetti personnellement pour le payement du reliquat de sa taxe fixe, c'est-à-dire du montant de cette taxe, défalcation faite de ce qui aura été payé en son acquit par l'ascendant. Le payement fait par l'ascendant devra être réparti, aux termes de la loi, par égales portions entre les cotes des assujettis dont la dette se trouve éteinte à due concurrence. Dans notre espèce, la taxe fixe de chacun des enfants se trouve soldée pour moitié par le payement effectué par l'ascendant, et le Trésor conserve son action contre chaque assujetti à concurrence du payement de l'autre moitié; mais il ne pourrait sous prétexte d'insolvabilité de l'un des assujettis imputer entièrement sur sa taxe le payement effectué par l'ascendant, et poursuivre l'autre assujetti pour le payement intégral de la sienne.

Ce procédé serait contraire aux dispositions de la loi, et aurait pour résultat d'aggraver la situation de l'ascendant, qui, par suite de l'imputation faite en totalité sur la taxe de son fils insolvable, n'aurait plus qu'un recours illusoire contre lui pour obtenir le remboursement de la somme déboursée.

Tel est en ce qui concerne l'élément fixe de la taxe la seule innovation de la nouvelle loi; c'est-à-dire la restriction de la responsabilité personnelle de l'ascendant. On n'a pas cru devoir malgré cela modifier le taux de la taxe, il semble pourtant qu'on aurait pu le faire sans encourir le reproche d'une fiscalité excessive.

Une grande partie des motifs invoqués par les partisans d'une capitation très modique lors de l'établissement de la taxe en 1889, disparaissent en effet par suite des innovations de la loi nouvelle qui limite la responsabilité de l'ascendant à une seule taxe fixe, fait disparaître des rôles toute une catégorie de contribuables nécessiteux ou infirmes pour lesquels le payement d'une taxe de capitation même modique aurait pu paraître très lourd; qui enfin, ainsi que nous le verrons plus loin, restreint à une période de trois années le payement de la taxe primitivement exigible pendant dix-neuf ans.

Ces innovations et les conditions nouvelles dans lesquelles se présente l'assiette et le recouvrement de l'impôt, justifiaient, pensons-nous, une capitation plus élevée, qu'on aurait pu fixer à la somme de douze francs, par exemple, ainsi que le proposait le rapporteur de la loi de 1889 au Sénat. Si l'on considère que tous les nouveaux assujettis doivent retirer un profit véritable de la faveur qui leur est faite, serait-il donc véritablement excessif de leur demander, même quand ils n'ont pour vivre que leur salaire; d'économiser sur ce salaire, moins de quatre centimes par jour, comme compensation d'une mesure légale dont ils retirent en somme un profit personnel indiscutable.

Outre ces considérations d'équité et de justice sociale, il ne faut pas non plus perdre de vue qu'une bonne loi doit tendre en définitive à la productivité et au rendement de l'impôt qu'elle établit. Une augmentation de la taxe fixe eût pallié, dans une certaine mesure les effets, désastreux à ce point de vue, des autres réformes accomplies par le législateur de 1898.

CHAPITRE II

TAXE PROPORTIONNELLE

§ 1er. — Bases de la taxe proportionnelle.

La taxe de capitation que nous venons d'étudier frappe également tous les assujettis, sans tenir compte de leur situation de fortune ; pour donner satisfaction au principe de la proportionnalité de l'impôt et de son équitable répartition d'après les facultés présumées des contribuables, on a voulu créer à côté de la taxe fixe une taxe proportionnelle.

Mais, il fallait trouver un signe indicatif de la fortune des assujettis pouvant servir de base équitable à l'assiette de l'impôt.

On avait d'abord proposé de prendre pour base les quatre contributions directes, mais la difficulté d'application de ce système le fit abandonner. Il eût été presque impossible en effet de déterminer l'ensemble des contributions payées par chaque individu passible de la taxe militaire ou par ses ascendants ; l'administration des contributions directes n'ayant pas de répertoire général où soient relevés, sous le nom d'un même individu, l'ensemble des cotisations qu'il peut avoir à payer dans les différents départements.

D'ailleurs, si l'on avait voulu prendre comme base l'ensemble des contributions directes, n'aurait-il pas fallu pour être logique, y joindre également les dix-huit cent millions de contributions indirectes, qui elles aussi sont la représentation, au moins partielle, des revenus mobiliers ; or, à cet égard, il est encore plus difficile pour ne pas dire impossible de savoir quel est le montant des contributions indirectes payées par chaque individu.

Abandonnant donc cette base générale des contributions directes, on en a cherché une autre dans la contribution personnelle-mobilière.

Cet impôt a été établi par la loi du 13 janvier 1791, en vue d'atteindre les revenus mobiliers : suivant le chiffre du loyer on déterminait le revenu d'après une échelle progressive, et sur le revenu ainsi déterminé on prenait une quote-part, ordinairement le vingtième qui constituait la taxe.

L'Assemblée Constituante légitimait dans les termes suivants le choix qu'elle faisait du loyer, comme moyen d'appréciation des facultés mobilières des contribuables :

« Les profits des capitaux mobiliers ne sont pas faciles « à connaître dans un pays comme le nôtre où la cons- « titution, les principes, les lois et les mœurs proscrivent « toute espèce d'inquisition. Cependant, il est une indica- « tion sinon parfaitement exacte, au moins assez approxi- « mative. Cette indication est le logement destiné à « l'habitation personnelle. Il est si naturel à l'homme de « chercher à embellir le séjour où il passe la plus grande « partie de sa vie, que presque personne n'est arrêté dans « ce penchant, que par l'impuissance de le satisfaire, et « que, à très peu d'exceptions près, le prix des logements « d'habitation indique la gradation des richesses. »

C'est uniquement le revenu des capitaux mobiliers que l'Assemblée Constituante prétendit atteindre par la cote personnelle-mobilière, elle voulut que cette cote ne portât précisément que sur cette espèce de revenu, comme les contributions foncières ne portent que sur les revenus territoriaux. Dans ce but, on autorisait les propriétaires fonciers, dont les facultés mobilières avaient été présumées par le prix de leur logement, à prouver par la quittance de leurs contributions foncières que ces facultés leur venaient en tout ou en partie de leurs biens fonds, et à obtenir en conséquence une déduction proportionnelle à la valeur justifiée de leurs revenus fonciers. Il en résultait que les facultés mobilières provenant de capitaux fonciers n'étaient assujetties qu'à la contribution foncière ; tandis que celles qui ne pouvaient prouver leur origine foncière restaient seules soumises à la cote de contribution pour facultés mobilières.

Plus tard, ce droit pour les contribuables de déduire du quantum de revenu déterminé par le chiffre du loyer, la part afférente aux revenus fonciers vint à disparaître ; et à partir de ce moment, l'impôt perdit son caractère exclu sivement mobilier et fut désormais assis sur toutes les facultés mobilières ou foncières du contribuable, car le chiffre du loyer qui continuait à lui servir de base, se paye tout aussi bien avec les ressources provenant des revenus fonciers qu'avec celles provenant des revenus mobiliers.

Naturellement donc, et si l'on admet, comme cela a lieu dans la grande majorité des cas, que le chiffre du loyer soit une indication sérieuse de la fortune des contribuables ; la cote mobilière basée sur le loyer et proportionnelle en principe au montant de ce loyer, est également propor tionnelle à l'ensemble des facultés contributives.

Il faut reconnaître d'ailleurs que cette proportionnalité est loin d'être rigoureuse, et cela pour des raisons mul- tiples qu'il est facile d'indiquer brièvement.

L'impôt personnel-mobilier se compose, comme on sait, de deux éléments distincts :

1° Une taxe personnelle ou de capitation établie sur la personne sans considération des biens, et égale à la valeur de trois journées de travail ;

2° Une taxe mobilière proportionnelle à la valeur locative du loyer d'habitation.

Il est hors de doute que le premier élément de l'impôt n'est pas proportionnel aux facultés des contribuables, puisqu'il est également payé par tous ceux d'un même département. Il est vrai qu'il peut varier d'un département à l'autre, puisque dans chaque département le Conseil général est investi du pouvoir de fixer la valeur de la journée de travail entre un minimum de cinquante centimes et un maximum de un franc cinquante. Mais ces variations d'un département à l'autre n'ont rien à faire avec la proportionnalité, elles peuvent même aboutir à un résultat tout à fait inverse; puisque les contribuables très riches d'un département où le Conseil général aura fixé un minimum à la valeur de la journée de travail, payent moins que les contribuables très peu fortunés du département voisin, où le Conseil général aura fixé le maximum de cette même valeur. En un mot, dans tel département, les riches peuvent n'avoir à payer que le minimum, c'est-à-dire un franc cinquante de cote personnelle, alors que dans le département voisin les pauvres payeront le maximum, c'est-à-dire quatre francs cinquante.

Voilà pour la taxe personnelle; quant à la taxe mobilière, elle constitue bien, en principe, un impôt proportionnel aux facultés présumées des contribuables, mais cette proportionnalité n'est pas non plus rigoureuse. Cela tient à des causes multiples.

La répartition faite à l'origine, entre les départements, par l'Assemblée Constituante a été fort inégale; on peut dire qu'elle manquait de toutes les données sur l'importance des revenus mobiliers. Elle fixa, d'abord, un peu au hasard, le contingent mobilier à 60 millions; puis, elle répartit ce contingent entre les départements, au prorata de ce que chacun d'eux payait d'impôts sous l'ancienne

monarchie. Or, les provinces étant plus ou moins imposées, selon qu'elles étaient pays d'état ou pays d'élection,
il y avait là une première source d'inégalité dont les
conséquences se font sentir encore aujourd'hui, malgré
les améliorations introduites par les lois qui se sont successivement préoccupées de la péréquation de l'impôt mobilier, et notamment par la loi du 4 août 1844, d'après
laquelle, à partir du 1er janvier 1846, le contingent des
communes a dû être diminué des cotes afférentes aux
maisons détruites, et augmenté proportionnellement à
la valeur locative des maisons nouvellement construites.
Grâce au mécanisme de cette loi, et au fur et à mesure
que les anciennes constructions disparaissent, on s'ache-
mine progressivement vers la péréquation des contingents.

Mais cette manière de procéder n'a résolu la question
de péréquation qu'au point de vue de la taxe mobilière,
et nullement en ce qui concerne la taxe personnelle pour
laquelle il aurait fallu tenir compte des déplacements de
population qui se sont produits de différents côtés, les
départements industriels notamment s'étant développés
aux dépens des départements agricoles.

Tout compte fait, l'impôt personnel-mobilier tel qu'il est
organisé actuellement, ne constitue qu'une indication assez
imparfaite de la fortune des contribuables, à cause des
inégalités de la répartition auxquelles on n'a remédié
qu'en partie et qui font varier le taux de l'impôt entre
6,83 0/0 et 3,03 0/0 des valeurs locatives.

C'est pourtant cet impôt, si imparfait qu'il puisse être au
point de vue de la proportionnalité, qu'on a dû prendre
comme base de l'élément proportionnel de la taxe militaire, faute de pouvoir saisir d'une manière plus parfaite
l'ensemble des facultés contributives des assujettis.

Après avoir posé la règle que la cote personnelle-mobilière servirait de base à l'élément proportionnel de la taxe militaire, le législateur a déterminé d'après quelles lois et suivant quels principes.

La taxe proportionnelle est calculée :

1º Sur la contribution personnelle-mobilière de l'assujetti ;

2º Sur celle de l'un des ascendants.

§ 2. — Règles communes au calcul des bases de la taxe.

Le législateur a édicté quelques règles communes à la détermination de ces bases, qu'il s'agisse de la contribution de l'assujetti ou de celle de l'ascendant :

1º C'est d'abord qu'on ne doit tenir compte que du principal de la taxe et non pas des centimes additionnels généraux départementaux ou communaux. Pour ces deux dernières catégories, cela se conçoit très facilement. Le nombre des centimes varie chaque année dans un même département ou dans une même commune, suivant les besoins locaux ; il eût été injuste et contraire au principe de la proportionnalité de faire payer aux assujettis une taxe militaire plus ou moins lourde par suite d'une circonstance complètement étrangère à l'étendue de leurs facultés contributives : le simple fait d'être imposé à la mobilière dans tel département ou dans telle commune chargée de centimes plutôt que dans telle autre moins obérée.

En ce qui concerne les centimes généraux perçus au profit de l'État, et dont le nombre est uniforme, on aurait pu sans rencontrer la même objection en tenir compte pour l'établissement de la taxe proportionnelle ; *cela se fait d'ailleurs en Autriche.* Mais on a sans doute pensé que le principal de l'impôt, surtout pour les taxes mobilières

L. — 7

d'un taux élevé, constituerait déjà une charge assez
lourde, sans y ajouter encore les centimes additionnels
généraux.

2° Les cotisations imposables sont la cote personnelle
imposée au rôle du domicile ; et la plus élevée en principal des cotes mobilières auxquelles les contribuables
sont assujettis, soit dans le même rôle, soit dans les rôles
d'autres communes. (Alinéa 5, § 3, art. 35 modifié.)

C'est là une innovation de la loi de 1898 ; antérieurement,
d'après la loi de 1889, les cotisations imposables étaient
toujours celles qui étaient portées aux rôles de la commune
du domicile des contribuables.

On ne doit payer légalement qu'une seule cote personnelle, c'est un impôt de capitation qui est imposé dans
la commune du domicile ; si un contribuable figurait sur
le rôle d'une autre commune ce serait par suite d'un
double emploi et il aurait le droit d'en obtenir décharge.
— Mais à l'inverse, tout contribuable doit autant de cotes
mobilières qu'il a d'habitations meublées à sa disposition,
alors même qu'en fait il ne les habiterait pas. — Les
décisions du Conseil d'État sur ce point sont innombrables.
— Il peut donc arriver qu'un assujetti à la taxe militaire,
ou son ascendant figurent sur le rôle mobilier dans différentes communes. D'après l'ancienne loi on ne devait se
préoccuper que de la taxe figurant au rôle mobilier de la
commune du domicile, quelle que fût son importance par
rapport aux autres. Désormais, il n'y a plus à tenir compte
du lieu de payement, mais bien du quantum de l'impôt,
le plus élevé en principal devra être pris pour base de la
taxe proportionnelle.

Soit un assujetti imposé à deux taxes mobilières : l'une
dans la commune de son domicile dont le total, centimes
additionnels compris, s'élève à 100 francs ; l'autre dans
une commune voisine à 95 francs. Par hypothèse, le prin-

cipal de cette dernière ressort à 60 francs, tandis qu'il n'est pour la commune du domicile que de 50 francs. Ce sera la cote dont le principal est le plus élevé qui devra servir de base au calcul de la taxe proportionnelle à l'exclusion de celle du domicile.

En théorie, cette innovation du législateur paraît très logique et d'un excellent effet au point de vue du rendement de la taxe, car il peut fort bien arriver que la contribution mobilière du domicile soit inférieure à celle qu'un assujetti ou son ascendant ont à payer ailleurs; pratiquement, il est permis de se demander par quel moyen le service des contributions du domicile pourra se procurer les renseignements nécessaires à son application. Il semble difficile que le contrôleur de la résidence puisse savoir si l'assujetti paye dans une autre commune, souvent fort éloignée, une contribution mobilière et prendre l'initiative de se renseigner sur le taux en principal de cette contribution. L'initiative viendra encore bien moins du contrôleur de l'autre commune dans laquelle l'assujetti est par hypothèse beaucoup moins connu, puisqu'il n'y est pas domicilié et où rien n'indiquera au service sa situation au point de vue militaire. Il y a là semble-t-il une innovation qui dans bien des cas demeurera inapplicable et rendra plus difficile encore le service de l'assiette déjà si compliqué.

3° Les cotisations imposables sont celles qui sont portées au rôle, la loi le dit formellement. Il n'y a donc pas lieu de se préoccuper de savoir si ces cotisations sont bien ou mal imposées; elles figurent au rôle et doivent être prises telles quelles pour base de la taxe proportionnelle. La jurisprudence administrative, saisie d'une réclamation relative à la taxe militaire, ne pourrait prononcer une réduction par le motif que la contribution mobilière portée au rôle et entrant comme élément dans le calcul de la taxe est exagérée.

C'est ce qu'a décidé un arrêt du Conseil d'État rendu sur le recours du Ministre des Finances contre un arrêté du Conseil de préfecture de la Seine, voici le considérant de l'arrêt :

« Considérant qu'aux termes de l'article 35, § 3, de la « loi du 15 juillet 1889, les cotisations qui doivent entrer « comme élément dans le calcul de la taxe militaire sont « celles qui sont portées au rôle de la commune du domi- « cile des contribuables ;

« Considérant qu'il résulte de l'instruction que la dame « veuve Portal, mère et ascendante du sieur Portal, a été « imposée pour 1891 à la contribution mobilière sur le « rôle de la ville de Paris d'après une valeur locative de « 1.320 francs et qu'elle n'a pas réclamé contre cette « imposition ; que dès lors c'était avec raison que l'admi- « nistration avait pris cette valeur locative de 1,320 francs « comme élément de calcul du droit proportionnel de la « taxe militaire du sieur Portal correspondant à la cote « mobilière de sa mère, et qu'il y a lieu de faire droit au « recours du Ministre des Finances tendant à rétablir « ledit sieur Portal au rôle qui lui a été primitivement « attribué... » (Arrêté annulé : sieur Portal rétabli au rôle primitif au droit qui lui avait été primitivement attribué.)

La jurisprudence du Conseil d'État refuse donc aux assujettis le droit de réclamer directement contre la taxe proportionnelle toutes les fois que leur réclamation est fondée sur un grief dirigé contre la taxe mobilière qui lui a servi de base. S'ils prétendent que leur taxe mobilière est exagérée, ils devront d'abord en obtenir directement la réduction par voie de demande principale, et c'est seulement quand ils auront fait prononcer à cet égard qu'ils pourront introduire par voie incidente une demande en réduction de leur taxe militaire.

Cette jurisprudence en refusant aux assujettis le droit de réclamer directement contre la taxe proportionnelle, quand la solution à intervenir dépend de la question préjudicielle de savoir si la taxe mobilière a été elle-même bien établie, ne nous paraît pas à l'abri de toute critique. Il semble qu'elle se fonde sur une interprétation trop étroite du paragraphe 3, alinéa 5, de l'article 35 qui, en décidant que « les cotisations imposables sont la cote « personnelle imposée au rôle du domicile et la plus « élevée en principal des cotes mobilières auxquelles les « contribuables sont assujettis, soit dans le même rôle, « soit dans le rôle d'autres communes », se réfère sim-plement à une hypothèse spéciale, celle où l'assujetti payant plusieurs cotes personnelles-mobilières, il y a lieu de déterminer laquelle de ces cotes devra être prise pour base de calcul, mais n'a eu nullement en vue la solution du cas qui nous occupe.

Cette jurisprudence, d'autre part, paraît contraire à l'esprit de la loi qui a entendu créer un impôt nouveau et indépendant, ayant des bases qui lui sont propres.

On peut même dire que rigoureusement elle est con-traire au texte de la loi dont le paragraphe 5 *in fine* décide que la taxe est recouvrée et que les réclamations sont instruites et jugées comme en matière de contributions directes. Une des conséquences immédiates de cette règle est qu'un délai de trois mois après la publication du rôle, doit être accordé dans tous les cas aux assujettis, pour présenter leurs réclamations contentieuses. Or, si l'on admet l'interprétation du Conseil d'État, on est conduit à dénier ce droit aux assujettis, dans l'hypothèse pratique-ment très fréquente, où les rôles de la taxe militaire paraîtront plus de trois mois après ceux de la mobilière.

Quelle est effectivement la situation qui leur est faite en pareil cas, d'après la théorie du Conseil d'État ? C'est qu'ils ne peuvent plus valablement réclamer, puisque d'une part, ils ne sauraient saisir directement la jurisprudence administrative d'une demande directe en réduction de leur taxe proportionnelle, et que, d'autre part, ils seraient en déchéance, relativement à la taxe mobilière. Un tel résultat semble manifestement contraire aux principes de la matière et au texte formel qui reconnaît aux assujettis le droit de présenter valablement pendant un délai de trois mois à dater de la publication des rôles une réclamation contentieuse de quelque nature qu'elle soit, fût-elle basée sur l'irrégularité d'une autre contribution servant de base à celle qui fait en définitive l'objet de la réclamation.

Notre conclusion, contraire à l'interprétation du Conseil d'État, est qu'en définitive on doit reconnaître aux assujettis le droit de saisir directement la juridiction administrative de toutes les demandes contentieuses relatives à la taxe militaire, sans qu'il soit nécessaire d'introduire une demande spéciale relative à la mobilière, que le tribunal n'a pas à examiner en tant qu'impôt distinct, mais comme tout autre élément de calcul servant de base à la taxe militaire.

4° Enfin une dernière règle commune à la détermination de la taxe mobilière prise comme base de la taxe proportionnelle, c'est qu'on ne doit pas tenir compte des prélèvements sur les produits de l'octroi qui, dans certaines communes, servent à acquitter une partie de la taxe mobilière. Nous étudierons plus loin dans un paragraphe spécial les conséquences pratiques de cette disposition.

§ 3. — Taxe personnelle-mobilière de l'assujetti.

La taxe personnelle-mobilière de l'assujetti constitue la première base de l'élément proportionnel de la taxe militaire, celle à laquelle on devait songer tout d'abord. D'après la loi de 1889, la taxe proportionnelle était égale au montant en principal de la cote personnelle-mobilière de l'assujetti. La loi de 1898 modifiant la loi de 1889 en a fixé le taux à trois fois le montant en principal de la cote personnelle-mobilière.

C'est là une conséquence directe et logique de cette autre innovation qui a consisté comme nous le verrons, à réduire à trois années la durée du payement de la taxe fixée par l'ancienne loi, à dix-neuf années. On ne pouvait guère, en présence d'une pareille mesure, maintenir l'ancien taux sans en compromettre tout à fait le rendement. On a pensé d'autre part que les assujettis ne sauraient équitablement se plaindre d'une réforme qui leur imposait, il est vrai, un sacrifice annuel trois fois plus considérable, mais pendant six fois moins de temps, réduisant ainsi de moitié la charge définitive de l'impôt.

§ 4. — Taxe personnelle-mobilière de l'ascendant.

Il est bien certain que si l'on avait pris comme base de la taxe proportionnelle la seule contribution personnelle-mobilière de l'assujetti, on aurait eu, dans la grande majorité des cas, un rendement négatif : les assujettis en raison de leur âge n'ayant pas le plus souvent de ressources personnelles, vivant avec leurs parents et ne payant pas par suite de cotes mobilières. D'où la néces sité d'élargir l'assiette de la taxe proportionnelle pour lui faire produire davantage, et l'idée d'ajouter, dans certains cas, à la cote de l'assujetti la cote personnelle-mobilière de ses ascendants. Les promoteurs de cette idée qui, dans le fond, constituait surtout un expédient fiscal, ont d'ailleurs prétendu la justifier par cette considération que l'assujetti avait un droit éventuel sur la fortune de ses parents, que l'armée défendait cette fortune et qu'il était par suite logique et juste que la taxe militaire affectée à l'entretien de l'armée fût proportionnée à l'importance des biens qu'elle avait à défendre.

Si donc, l'assujetti a encore ses ascendants du premier degré ou l'un d'eux, la taxe proportionnelle devra être augmentée du quotient obtenu en divisant le triple de la cote personnelle et mobilière en principal de celui qui est le plus imposé à cette contribution également en principal, par le nombre des enfants vivants et des enfants représentés dudit ascendant. (Alinéa 3, § 3, art. 35, modifié.)

La loi du 15 juillet 1889, prévoyant le cas de non-imposition des ascendants du premier degré, décidait que l'on devait procéder de la même manière sur la cote des ascendants du deuxième degré en tenant compte des enfants de l'ascendant de chaque degré.

La loi du 26 juillet 1893 a supprimé cette disposition dont les difficultés d'application étaient presque inextricables à cause des recherches trop compliquées et le plus souvent incertaines ou infructueuses auxquelles devait se livrer le service des contributions directes pour déterminer, dans chaque cas particulier, la quotité de la taxe proportionnelle.

La loi du 13 avril 1898 a confirmé les dispositions de celle du 26 juillet 1893 relativement à l'exclusion de la taxe mobilière des ascendants du second degré comme base de calcul de la taxe proportionnelle. Seules, les cotes personnelles-mobilières du père ou de la mère peuvent entrer en ligne de compte. Pour déterminer clairement dans quelles conditions, il y a lieu d'envisager successivement les différentes hypothèses qui peuvent se présenter dans la pratique.

Prenons d'abord le cas le plus simple :

1° Un seul des descendants de l'assujetti est imposé.

La taxe proportionnelle sera juste égale au triple de la taxe de cet ascendant en principal ; si le principal est de cinquante francs, la taxe proportionnelle sera de cent cinquante.

La loi ne distinguant pas, la solution doit être la même qu'il s'agisse d'un fils légitime, adoptif ou naturel ; pourvu dans ce dernier cas que ce soit un enfant naturel reconnu. L'enfant naturel non reconnu n'ayant aucun lien légal de parenté avec ses auteurs et aucune vocation à leur succession. (Code civil, art. 756.)

2° Les deux ascendants de l'assujetti sont imposés.

Ce cas sera beaucoup plus rare que le précédent, le mari seul présentant en général les conditions requises pour être imposé à la taxe personnelle-mobilière, aux termes de la loi du 21 avril 1832, article 12. C'est ainsi que l'administration ne considère pas comme imposable la femme même séparée de biens lorsqu'elle habite avec son mari, lequel reste quand même à ses yeux le chef de l'association conjugale. Cependant, il peut arriver que le mari et la femme soient concurremment imposés ; par exemple en cas de divorce ou de séparation de corps quand les deux époux auront un domicile distinct (Décret du 21 mai 1848). Alors se pose la question de savoir laquelle des deux taxes doit être prise pour base de calcul ? La loi répond que c'est la mobilière dont le principal sera le plus élevé, qu'elle soit imposée au nom du père ou de la mère, et alors même que l'assujetti habiterait en fait avec l'ascendant dont la cote est la moins élevée.

En prenant pour base de calcul la taxe mobilière dont le principal est le plus élevé, le législateur s'est évidemment proposé d'augmenter le rendement de la taxe et de la porter à son maximum. On peut se demander s'il a atteint complètement son but et s'il n'aurait pas mieux fait de décider purement et simplement qu'au cas d'imposition simultanée des deux ascendants, celle-là serait prise pour base de calcul qui assurerait le rendement le plus fort. Il convient effectivement de remarquer que la taxe mobilière la plus élevée en principal ne donnera pas toujours la taxe proportionnelle la plus productive, si l'ascendant qui la paye a des enfants d'un précédent mariage. Soit deux époux et un fils, issu de leur mariage, assujetti à la taxe militaire. Le mari qui a un autre fils né d'un précédent mariage paye 100 francs de taxe personnelle-mobilière ; sa femme séparée de corps est imposée à cette même taxe pour la somme de 80 francs. C'est légalement la taxe du père la plus élevée en principal qui va servir de base au calcul de la taxe proportionnelle qui s'établira comme suit : Trois fois le principal divisé par le nombre des enfants soit $100 \times 3 = 300 : 2 = 150$. Or, si l'on avait pris la taxe de la mère on aurait obtenu le résultat suivant : $80 \times 3 = 240$; c'est-à-dire une taxe proportionnelle beaucoup plus productive. C'est une conséquence à laquelle n'a sans doute pas songé le législateur qui semble avoir pensé que, dans tous les cas, à un principal mobilier plus élevé devait correspondre une taxe proportionnelle plus productive. Nous venons de montrer que cette manière de voir ne correspond pas toujours à la réalité des choses, et qu'il eût été préférable de décider que, dans tous les cas, devrait être prise pour base de calcul la taxe personnelle-mobilière qui donnerait le meilleur rendement. Il existe encore une autre hypothèse dans laquelle il y aurait lieu de faire un choix entre les cotes personnelles-mobilières des ascendants ; c'est en dehors du cas où le père et la mère légitimes sont concurremment imposés, celui où l'assujetti ayant été adopté, ses deux ascendants adoptifs et légitimes sont imposés à la cote personnelle-mobilière.

On sait que, dans ce cas, le fils adoptif tout en conservant tous ses droits dans sa famille naturelle (art. 348, Code civil) prend dans sa famille adoptive la place d'un enfant légitime, dès lors, il est logique de prendre pour base de calcul de la taxe militaire, soit la cote mobilière de l'ascendant légitime, soit celle de l'ascendant adoptif et il n'y aura d'autre raison de préférence que la quotité respective de ces cotes ; la plus élevée en principal devrait être légalement choisie.

3° L'assujetti a des frères et sœurs vivants ou représentés.

Nous avons supposé jusqu'à présent que l'assujetti était fils unique, voyons maintenant comment doit être calculée la taxe, s'il y a des frères et sœurs.

Dans ce cas, il y a lieu de diviser le triple de la cote personnelle-mobilière en principal de l'ascendant, par le nombre des enfants vivants ou représentés de cet ascendant.

Soit un ascendant imposé à une taxe mobilière en principal de 400 francs : il a quatre enfants (fils ou filles) dont un fils passible de l'impôt. Le produit de la taxe proportionnelle sera le triple de ce principal divisé par le nombre des enfants soit $(400 \times 3) : 4 = 300$ francs. S'il y avait cinq enfants, on diviserait par cinq, le dividende restant toujours le même et le diviseur variant seul avec le nombre des enfants.

Cette manière de procéder se justifie d'elle-même, elle

est la conséquence logique du principe sur lequel est basée
la taxe proportionnelle qui frappe l'assujetti suivant l'importance des biens qu'il doit recueillir un jour dans la
succession de ses ascendants. Or, sa part héréditaire étant
directement proportionnelle au nombre de ses frères et
sœurs, il était naturel d'établir une relation de même
ordre entre la quotité de la taxe proportionnelle et le
nombre des frères et sœurs de l'assujetti.

Par application de ce même principe en cas de prédécès
des frères ou sœurs de l'assujetti, leurs propres enfants
venant par représentation à la succession de leur aïeul,
concurremment avec l'assujetti, ne doivent être comptés
pour le calcul de la taxe qu'aux lieu et place de leur frère
ou sœur puisque, quel que soit leur nombre, ils ne dimi-
nuent la part de l'assujetti dans la succession de l'ascendant commun que de la part qu'aurait prise leur auteur,
frère ou sœur de l'assujetti. (Code civil, art. 739.)

Soit un ascendant qui a eu trois enfants, deux fils, dont
l'assujetti et une fille prédécédée, laissant elle-même deux
enfants qui la représentent. Il y a lieu de diviser la cote
mobilière de l'ascendant, non pas par le nombre des descendants vivants, enfants et petits-enfants, c'est-à-dire
par quatre, mais bien par le nombre des enfants vivants
ou représentés, c'est-à-dire par trois, la succession de
l'ascendant ne devant en définitive être dévolue que par
tiers, dont un tiers pour l'assujetti, un tiers pour son
frère et un tiers pour les deux enfants de la sœur prédécédée.

La loi ne semble prévoir que le cas où tous les frères
de l'assujetti sont des frères germains. Que faut-il décider
s'il y a des frères consanguins, c'est-à-dire issus du même
père et pas de la même mère, ou utérins, c'est-à-dire
réciproquement issus de la même mère et pas du même
père? La solution se dégage des termes mêmes de la loi

qui prescrit de diviser la cote mobilière de l'ascendant prise pour base de calcul par le nombre des enfants de cet ascendant. Si donc c'est la cote mobilière du père qui a été prise pour base de calcul, il n'y aura pas lieu de tenir compte d'un frère utérin de l'assujetti issu d'un précédent mariage de la mère ; réciproquement, si c'était la taxe de la mère, on ne devrait pas pour le même motif faire état d'un frère consanguin de l'assujetti. Car dans le premier cas, le frère utérin, dans le deuxième le frère consanguin, n'ont aucun lien de parenté avec l'ascendant dont la taxe mobilière a été prise pour base de calcul de la taxe proportionnelle. En résumé pour l'établissement de la taxe proportionnelle la cote mobilière de l'ascendant responsable doit être calculée, abstraction faite des enfants issus d'un précédent mariage de l'autre époux. (Conseil de préfecture de la Seine ; arrêté du 12 mars 1896 ; affaire Roubeaud.)

4° L'assujetti a des frères et sœurs naturels ou adoptifs.

La loi n'a point fait de distinction pour le cas spécial où l'assujetti aurait des frères ou sœurs naturels ou adoptifs.

A. — S'il a des frères ou sœurs naturels reconnus, qu'il soit lui-même naturel ou légitime, il y aura lieu, en l'absence de disposition légale, de décider que le calcul de la taxe proportionnelle doit avoir lieu d'après les mêmes règles que précédemment, c'est-à-dire de diviser la cote mobilière de l'ascendant par le nombre de ses enfants, tant naturels que légitimes vivants ou représentés. Pour être rigoureusement logique avec le principe de la proportionnalité, on aurait compris que le législateur adoptât pour ce cas spécial une solution différente et fît payer à l'enfant légitime une taxe plus forte qu'à l'enfant naturel, puisqu'en définitive il est appelé à recueillir une part plus forte que ce dernier dans la succession de leurs auteurs communs. On sait, en effet, que les enfants légitimes venant à la succession de l'auteur commun avec les enfants naturels ont droit à une part trois fois plus considérable que ces derniers. Mais il y aurait eu là une série de recherches et une complication de calculs que par leur nature même il était impossible d'imposer au service de l'assiette de l'impôt. Le mode de calcul de la taxe proportionnelle ne varie donc pas, quelle que soit la qualité légitime ou naturelle des frères ou sœurs de l'assujetti, et que ce dernier soit lui-même légitime ou naturel. Mais à l'inverse, la question de filiation légitime ou naturelle influe gravement sur le calcul de la taxe en cas de prédécès des frères ou sœurs de l'assujetti. Ceux-ci ne devront entrer en ligne de compte que s'ils sont représentés par leurs descendants à la succession de l'auteur commun, père de l'assujetti. Cette disposition paraît d'ailleurs très logique, qui proportionne la taxe de l'assujetti à l'importance des biens qu'il est appelé à recueillir éventuellement dans la succession de son ascendant; dès lors que les frères et sœurs de l'assujetti ne laissent aucune descendance susceptible de recueillir partie de ces biens, il n'y avait aucune raison de les faire entrer en ligne de compte pour diminuer à due concurrence le montant de la taxe.

Or, les frères et sœurs de l'assujetti sont représentés par leurs descendants légitimes à la succession de l'aïeul, commun père de l'assujetti (art. 740, Code civil), ils ne le sont pas au contraire par leurs enfants naturels, qui n'ayant aucune vocation propre à cette succession (art. 756, Code civil) ne peuvent, par voie de conséquence, y venir par représentation, car celui-là seul peut succéder par représentation qui serait apte à succéder de son chef, s'il se trouvait être l'héritier le plus proche en degré.

Ceci exposé: soit un assujetti et ses deux frères prédécé

dés B et C : B a laissé un fils légitime, et C un fils naturel. La taxe mobilière en principal de l'ascendant commun père de l'assujetti, est par hypothèse de 100 francs. Le triple en principal de cette taxe sera divisé non par le nombre des enfants de l'ascendant, c'est-à-dire par trois, mais seulement par deux, le frère prédécédé C n'étant pas légalement représenté par son fils naturel, n'entre pas en ligne de compte pour le calcul de la taxe dont le montant ressortira comme suit : $100 \times 3 = 300 : 2 = 150$ au lieu de $100 \times 3 = 300 : 3 = 100$; résultat qu'on aurait obtenu si les deux frères prédécédés avaient tous deux laissés des enfants légitimes.

3° L'assujetti a des frères et sœurs adoptifs.

De même que pour la filiation naturelle, la filiation adoptive des frères et sœurs de l'assujetti, lorsque ceux-ci sont vivants, n'influe pas sur le calcul de la taxe ; tous, enfants légitimes ou adoptifs, ont les mêmes droits dans la succession de leur ascendant, tous doivent entrer au même titre en ligne de compte pour l'établissement de la taxe militaire : soit un assujetti enfant adoptif, et un fils légitime du père adoptif, la cote mobilière de ce dernier devra être divisée par deux. Si à l'inverse c'était le fils légitime qui serait imposé à la taxe militaire, il y aurait également lieu de diviser par deux la taxe de l'ascendant en tenant compte du fils adoptif. Ce dernier, d'ailleurs, conserverait sa place et ses droits dans sa famille légitime, et devrait être également pris en considération pour l'établissement de la taxe militaire due par un de ses frères légitimes.

Mais au cas de prédécès des frères ou sœurs de l'assujetti, et lorsque se pose la question de représentation, il importe de tenir compte de la filiation adoptive, susceptible d'influer sur le calcul de la taxe. C'est ce qui arrivera dans les deux hypothèses suivantes :

A. — L'assujetti a ses père et mère légitimes, et des frères et sœurs légitimes dont un frère prédécédé laissant lui-même des enfants adoptifs. Ce frère prédécédé qui ne saurait être représenté par ses enfants adoptifs, l'adopté n'acquérant aucun droit de successibilité sur les biens des parents de l'adoptant (Code civil, art. 350), ne doit pas compter pour l'établissement de la taxe militaire; il en serait autrement s'il avait laissé une postérité légitime.

B. — L'assujetti a ses père et mère légitimes et un frère adoptif prédécédé qui a laissé des enfants légitimes. Le frère prédécédé doit-il entrer en ligne de compte pour l'établissement de la taxe? Oui, s'il est représenté par ses enfants, non, dans le cas contraire. Or, les descendants légitimes d'un fils adoptif ne peuvent le représenter à la succession de l'adoptant que s'ils ont une vocation propre à cette succession, et cette question est elle-même diversement résolue par la doctrine et la jurisprudence.

La plupart des auteurs (1) soutiennent que les enfants de l'adopté n'ont aucune vocation à la succession de l'adoptant et justifient leur opinion en s'appuyant sur l'article 350 du Code civil qui ne donne de droits qu'à l'adopté sur la succession de l'adoptant. Ils font remarquer que s'il en était autrement en Droit romain, c'est que l'adoption constituait alors un lien complet de filiation; or, en Droit français, elle n'a pas conservé ce caractère et produit en général des effets moins étendus. Quant aux autres textes du Code civil qu'on a invoqué en sens contraire, ils seraient étrangers à la question. L'article 348, qui prohibe le mariage entre l'adoptant et les descendants de l'adopté, est fondé sur des raisons de

______

(1) Demolombe, VI, p. 139; Aubry et Rau, VI, p. 124, § 560, note 6 et p. 312, § 598, note 4; Laurent, IV, n° 250.

convenance, comme toutes les prohibitions du même genre, mais non sur le lien artificiel de la parenté adoptive ; la meilleure preuve est que cet article contient d'autres prohibitions entre personnes qui n'ont entre elles aucun droit respectif de succession. L'article 351, d'après lequel les enfants de l'adopté forment comme l'adopté obstacle à l'exercice du retour légal de la part de l'adoptant dans la succession de l'adopté, n'est relatif qu'à la succession de l'adopté et se base sur la volonté présumée de ce dernier ; on ne saurait donc tabler là-dessus pour régler la dévolution de la succession de l'adoptant. Il est aussi facile d'écarter l'argument qu'on a voulu tirer de la loi du 1er mars 1808 (art. 35), relatif aux majorats, car il ne constitue qu'une législation exceptionnelle.

B. — Une opinion intermédiaire soutient qu'il faut reconnaître la vocation héréditaire aux descendants de l'adopté ; mais seulement à ceux qui sont nés postérieurement à l'adoption. L'argument qu'on tire en ce sens de ce que ces enfants prennent le nom de l'adoptant consiste dans une confusion entre deux textes étrangers l'un à l'autre, si ces enfants prennent le nom de l'adoptant, c'est qu'il est depuis l'adoption celui de leur père ; ce simple fait ne saurait prouver la parenté avec l'adoptant (1).

C. — La jurisprudence (2) admet au contraire, sans restriction, la vocation héréditaire des descendants de l'adopté qu'ils soient ou non nés antérieurement à l'adoption.

Par conséquent, il y aura lieu dans la pratique, pour le calcul de la taxe militaire, dans l'hypothèse qui nous

---

(1) Merlin, Quest., v° adopt, § 7 ; Demante, II, n° 8 et 85 *bis*.

(2) Nancy, 30 mai 1868, S. 68. 2. 64. Cassation, 10 novembre 1869. S. 70. 1. 48. Cassation Belge, 11 novembre 1875. Agen, 1er juin 1885. S. 86. 2. 63.

occupe, de tenir compte du frère adoptif de l'assujetti pré-décédé qui devra être considéré comme représenté par ses descendants. En l'espèce il y aurait lieu de diviser la taxe mobilière de l'ascendant par deux, au lieu de la prendre intégralement pour base de la taxe, comme cela aurait lieu si l'on adoptait le système de la doctrine d'après lequel le frère adoptif n'étant pas représenté ne devrait pas entrer en ligne de compte.

6° Cas de prédécès du père de l'assujetti quand la mère s'est remariée.

La loi du 13 avril 1898 (alinéa 3, § 3, art. 35 modifié) a posé pour cette hypothèse spéciale la règle suivante : Dans le cas de décès du père de l'assujetti, si la mère veuve ou divorcée s'est remariée, son mari est considéré comme un ascendant du premier degré de l'assujetti.

Le législateur de 1889 ne s'était pas préoccupé de cette hypothèse spéciale; et en cas de remariage de la mère, la taxe mobilière étant presque toujours inscrite au nom de son mari d'après les règles applicables à cette contribution, il arrivait que la taxe proportionnelle de l'assujetti manquait de base.

C'est pour remédier à cette situation fâcheuse, au point de vue du rendement de la taxe, que la loi de 1898 a édicté la règle ci-dessus, laquelle dispose que si le père de l'assujetti est décédé et que sa mère se soit remariée, le second mari doit être considéré comme un ascendant du premier degré de l'assujetti au point de vue de l'établissement de la taxe, c'est-à-dire que sa cote personnelle-mobilière est prise pour base de l'élément proportionnel; d'après les mêmes principes que si ledit ascendant était réellement le père de l'assujetti. Les enfants du second mari même issus d'un précédent mariage, et n'ayant par suite aucun lien de parenté avec l'assujetti devraient entrer en ligne de compte pour le calcul de la taxe.

La règle est applicable aux termes de la loi par cela seul que les deux conditions suivantes se trouvent réunies :

1° Que le père de l'assujetti soit décédé ;

2° Que la mère veuve ou divorcée se soit remariée, pourvu que dans ce dernier cas le premier mari soit mort au moment où il s'agira de réunir les éléments de calcul de la taxe.

L'hypothèse du remariage de la mère en cas de divorce, et du vivant du premier mari ne rentrerait donc pas dans le champ d'application de la règle, cela serait contraire non seulement au texte mais à l'esprit de la loi, puisqu'en pareil cas, le premier mari devra normalement être imposé à la taxe personnelle-mobilière et qu'elle n'avait pas à se préoccuper de chercher ailleurs une base de la taxe proportionnelle.

Cette disposition, d'après laquelle le second mari est rendu légalement responsable du payement de la taxe d'un assujetti avec lequel il n'a en définitive aucun lien de parenté, semble empreinte d'une fiscalité excessive et il eût mieux valu, semble-t-il, ne pas l'insérer dans la loi. Le fait d'imposer l'ascendant naturel de l'assujetti est déjà contraire au principe civil de la personnalité des dettes, mais la violation de ce principe paraît bien plus grave, quand elle atteint non plus un ascendant naturel, mais en somme un étranger qui n'a aucun lien de parenté naturelle ou civile avec l'assujetti. A l'égard de l'assujetti lui-même, une pareille mesure violera dans bien des cas le principe de la proportionnalité de l'impôt, dont le recouvrement n'est opéré sur l'ascendant que sauf son recours contre l'assujetti qui doit en assumer la charge définitive (§ 6, art. 35 modifié). Que l'on suppose après cela la mère sans fortune personnelle, remariée très richement : la taxe mobilière payée par le second mari sera uniquement la représentation de la fortune de ce dernier. Or, l'assujetti n'a aucune vocation personnelle à cette fortune ; s'il la recueillait un jour ce ne pourrait être que dans la propre succession de sa mère et en admettant que celle-ci ait pu la recueillir elle-même de son mari, ce qui suppose : 1° Le prédécès de celui-ci ; 2° l'absence d'enfants issus de leur mariage. Car autrement la mère n'hériterait que d'une partie de l'usufruit qu'elle ne saurait par suite transmettre à son fils du premier mariage. (Code civil, art. 767 modifié par la loi du 9 mars 1891.) Il arrivera donc en pratique dans la majorité des cas que le fils issu du premier mariage n'aura jamais rien à prétendre, ni directement, ni indirectement sur la fortune du second mari de sa mère. La taxe n'en sera pas moins directement proportionnelle à l'importance de cette fortune et nullement aux ressources présentes ou à venir de l'assujetti. Il est permis de conclure de ce qui précède qu'au double point de vue de la personnalité de l'impôt en ce qui concerne le mari, et de sa proportionnalité en ce qui concerne l'assujetti qui doit en supporter la charge définitive, il eût mieux valu ne pas insérer dans la loi une pareille disposition.

§ 5. — Cas où tout ou partie du contingent personnel-mobilier de la commune est prélevé sur le produit de l'octroi.

Les cotisations personnelles-mobilières qui servent de bases à la taxe proportionnelle, sont déterminées sans égard aux prélèvements qui peuvent servir à les acquitter sur les produits de l'octroi. (Loi du 15 juillet 1889, art. 35, § 3.)

Cette disposition se justifie facilement au double point de

vue de l'égalité proportionnelle de l'impôt et de l'intérêt de l'État. Si elle n'existait pas, les contribuables des communes où existe le prélèvement seraient favorisés sans motifs par rapport à ceux des communes où le contingent personnel-mobilier est intégralement réparti au moyen des rôles. En second lieu, le rendement de la taxe militaire se trouverait diminué sans compensation, puisque l'État n'aurait aucun moyen, contrairement à ce qui existe pour la personnelle-mobilière, de percevoir sous une autre forme ce qui viendrait en déduction du montant des rôles.

Pour bien établir la situation faite aux contribuables passibles de la taxe militaire dans les communes où existe le prélèvement sur les produits de l'octroi, il est utile d'examiner d'une manière succincte et précise, le fonctionnement de ce système.

Aux termes de l'article 20 de la loi du 21 avril 1832 : « Dans les villes ayant un octroi, le contingent personnel-« mobilier pourra être payé en totalité ou en partie par « les caisses municipales sur la demande qui en sera faite « au préfet par les Conseils municipaux. Ces Conseils dé-« termineront la partie du contingent qui devra être pré-« levée sur les revenus de l'octroi. La portion à répartir « au moyen d'un rôle sera répartie en cotes mobilières « seulement, au centime le franc des loyers d'habitation, « après déduction des faibles loyers que les Conseils muni-« cipaux croiront devoir exempter de la cotisation. Les « délibérations prises par les Conseils municipaux ne « recevront leur exécution qu'après avoir été approuvées « par décret. »

La conversion du contingent mobilier en taxe d'octroi fut autorisée pour la première fois par la loi du 26 germinal an XI, dans le but de donner satisfaction aux nombreuses réclamations qui s'étaient produites dans les grandes villes contre la perception de l'impôt mobilier et somptuaire. Paris, puis successivement les villes de Marseille et de Lyon furent autorisées à remplacer ces taxes par un impôt sur les consommations. La loi du 24 avril 1806 généralisa ce mode de perception, mais une loi spéciale était nécessaire pour autoriser les villes à faire la conversion. La loi du 25 mars 1817 (art. 28) décida qu'une simple ordonnance suffirait. Lors de la discussion de la loi de finances du 26 mars 1831, de vives critiques furent formulées contre ce mode de perception qui avait pour effet, disait-on, de reporter le poids de l'impôt sur les classes laborieuses, les droits d'octroi pesant en effet plus lourdement, toutes proportions gardées, sur les classes pauvres que sur les classes riches.

Malgré ces critiques, la loi de 1832 vint consacrer dans les termes que nous avons rapportés ci-dessus, un système dont une expérience de plusieurs années, avait démontré les avantages. Les taxes d'octroi servent effectivement à atteindre la population flottante qui autrement échapperait entièrement à l'impôt mobilier dont elle est bien obligée de prendre sa part dans une certaine mesure par l'effet du prélèvement dont il s'agit. Ce prélèvement a encore l'avantage de supprimer la taxe personnelle qui a le défaut de n'être pas proportionnelle aux revenus des contribuables, puisqu'elle constitue non seulement une taxe de capitation, mais qu'elle varie même dans chaque département sans aucune considération tirée de la fortune des contribuables. Il sert enfin à venir en aide à ceux d'entre eux qui payent un faible loyer, ce qui est la présomption d'une situation précaire.

L'article 5, de la loi du 3 juillet 1846, étendit encore la faculté attribuée aux Conseils municipaux par la loi de 1832 : « Dans les villes où en vertu de cette loi, les Con-
« seils municipaux demanderont qu'une partie du contin-
« gent personnel-mobilier soit prélevée sur les Caisses

« municipales, la portion du contingent restant à perce-
« voir au moyen d'un rôle pourra, déduction faite des
« faibles loyers qui seront jugés devoir être exemptés de
« toute cotisation, être répartie en vertu des délibéra-
« tions desdits Conseils; soit au centime le franc des
« loyers d'habitation, soit d'après un tarif gradué en
« raison de la progression ascendante de ces loyers. Les
« délibérations prises par les Conseils municipaux ne re-
« cevront leur exécution qu'après avoir été approuvées
« par ordonnance royale. »

D'après l'Instruction ministérielle du 5 septembre 1860,
interprétative de cette loi, les dégrèvements accordés doivent être prélevés en totalité sur les produits de la caisse
municipale, et non pas reportés sur les autres contribuables de la commune, qui ne doivent en aucun cas avoir
à supporter une quote-part plus forte que celle qui leur
aurait été attribuée si le contingent personnel-mobilier avait
été intégralement réparti entre tous les loyers.

La loi n'aurait donc eu pour objet que de permettre aux
Conseils municipaux, au moyen de la répartition progressive qu'elle prévoit, de graduer les dégrèvements à
accorder aux contribuables, en raison inverse de l'importance de leurs loyers. La faculté de répartir le contingent
mobilier suivant un tarif gradué serait donc subordonnée
à la condition qu'aucune catégorie de loyers ne soit imposée à un taux supérieur à celui que l'on obtiendrait si le
contingent mobilier était réparti proportionnellement entre
tous les contribuables; de telle sorte que cette mesure ne
saurait avoir pour conséquence qu'un dégrèvement total
ou partiel, et jamais une aggravation de taxe.

Quelques Conseils municipaux, après 1870, voulurent
contrairement à cette interprétation reporter le montant
des dégrèvements accordés aux faibles loyers sur les gros
loyers ne bénéficiant pas de l'exemption. Un décret du

7 février 1872, ayant approuvé un tarif gradué arrêté par le Conseil municipal pour la ville de Paris, et conçu dans cet esprit, un contribuable contesta la légalité de ce tarif et demanda la réduction de sa contribution. Le Conseil d'État fit droit à sa requête, en décidant que la faculté accordée aux Conseils municipaux d'exonérer certains loyers en tout ou en partie, est subordonnée à la condition que le montant de ces exonérations totales ou partielles ne dépasserait pas le prélèvement opéré sur les produits de l'octroi; de telle sorte qu'aucune catégorie de loyers ne soit imposée à une contribution supérieure à celle qui lui aurait été attribuée, si le contingent mobilier, restant à répartir après déduction des cotes purement personnelles, avait été réparti proportionnellement aux valeurs locatives d'habitations entre tous les contribuables, y compris ceux auxquels le Conseil municipal a entendu accorder une exonération complète et ceux qui n'ont profité que d'une atténuation de taxe (1).

Pour échapper aux conséquences de cette jurisprudence et arriver pratiquement à reporter quand même en partie sur les gros loyers le montant d'exemptions accordées aux petits loyers, le Conseil municipal de Paris a adopté un système mixte consistant à combiner les dispositions des articles 12 et 18 de la loi du 21 avril 1832 que nous avons eu l'occasion d'étudier à propos de l'exemption des indigents, avec l'article 20 de la même loi et l'article 5 de la loi du 3 juillet 1846 qui visent l'exemption des faibles loyers. Par ce moyen, le Conseil municipal au lieu de prononcer simplement l'exemption des faibles loyers par application des textes y relatifs, ce qui le conduisait en vertu de la jurisprudence précitée à l'imputation obligatoire de ces exemptions sur les produits de l'octroi,

(1) Conseil d'État, 21 juillet 1876. Bayard. S. 76. 2. 337.

considère comme indigents tous ceux dont le loyer est inférieur à un certain chiffre, ce qui lui permet de reporter le montant de leurs cotes sur l'ensemble des autres loyers. Ce procédé fausse le système de la loi relatif à l'exemption des indigents, puisqu'il substitue l'exemption par catégories à l'exemption individuelle ; il fausse également le système relatif à l'exemption des faibles loyers en cas de prélèvement sur les produits de l'octroi, puisque les cotes des personnes exemptées pour cause d'indigence ne sont pas reportées sur l'octroi, mais qu'elles viennent accroître la part d'impôt des contribuables non exemptés.

Le Conseil d'État n'en a pas moins reconnu la légalité de cette manière de procéder, en décidant que les Conseils municipaux peuvent attacher la présomption d'indigence à la faiblesse du loyer et substituer l'exemption par catégories à l'exemption individuelle. (Conseil d'État, 11 juin 1880 ; Lamy, S. 81-3-100.)

Depuis cette époque, le Conseil municipal de Paris s'est constamment conformé à cette jurisprudence et a organisé comme suit la répartition de la contribution personnelle-mobilière :

Il exempte de la contribution toute une catégorie de contribuables en attachant une présomption d'indigence légale au chiffre de leur loyer. Ces contribuables n'entrent pas en ligne de compte pour la répartition de l'impôt. Il est fait deux parts du contingent total attribué à la ville dans la contribution personnelle-mobilière.

D'abord la taxe personnelle obtenue en multipliant la valeur de cette taxe, soit 2,25, au taux fixé par le Conseil général par le nombre des imposables : ne sont imposables, que les personnes figurant au rôle mobilier d'après les règles que nous verrons plus loin. La valeur de la taxe personnelle ainsi obtenue est entièrement imputée sur les produits de l'octroi.

Le surplus du contingent, déduction faite du montant de la taxe personnelle, calculée comme il vient d'être dit, est réparti entre les valeurs locatives d'après les principes ci-après :

On détermine la proportion de ce contingent avec l'ensemble des valeurs locatives et on obtient ainsi le centime le franc normal, c'est-à-dire le nombre de centimes que devrait payer 1 franc de valeur locative. Ce centime n'est appliqué qu'aux loyers dépassant un certain chiffre ; les autres bénéficient d'une atténuation du centime normal d'après une progression dégressive, les plus faibles loyers étant imposés d'après le centime le franc le plus faible. Le montant des dégrèvements résultant de ces atténuations du centime normal est prélevé sur les produits de l'octroi, de même que toutes les taxes personnelles.

Pour préciser ces données générales, nous croyons utile d'analyser à cet égard la délibération du Conseil municipal de Paris du 30 décembre 1897, approuvée par le décret du 12 janvier 1898 et relative à la répartition de la contribution personnelle-mobilière pour ladite année 1898.

Les locaux d'une valeur matricielle imposable ne dépassant pas 599 francs seront imposés au taux de 6,50 0/0.

Id.	699	Id.	7,50 0/0
Id.	799	Id.	8,50 0/0
Id.	899	Id.	9,50 0/0
Id.	999	Id.	10,50 0/0
Id.	1.099	Id.	11,50 0/0
Id.	1.000 et au dessus	Id.	12,78 0/0

Ce dernier taux représente le centime le franc normal obtenu en divisant le contingent mobilier par l'ensemble des valeurs locatives imposables.

Les individus habitant des locaux d'une valeur matricielle inférieure à 400 francs seront réputés non imposables par application des articles 12 et 18 de la loi du 21 avril 1832 combinés avec l'article 20 de la même loi et l'article 5 de la loi du 3 juillet 1846.

Cette exemption ne sera pas applicable : 1° aux personnes ayant un simple pied à terre à Paris ; 2° aux propriétaires logés ou non dans leurs maisons, imposés au rôle foncier de Paris et non régulièrement reconnus en état d'indigence ; 3° aux patentés dont le loyer d'habitation réuni au loyer industriel atteint 400 francs de valeur matricielle, ou 500 francs de valeur réelle.

La somme nécessaire pour parfaire avec le produit du rôle le montant du contingent personnel-mobilier de la ville de Paris sera prélevée sur le produit de l'octroi. Tel est le système de répartition adopté dans les villes ayant un octroi et spécialement à Paris.

Nous allons examiner maintenant quelles sont les conséquences qui peuvent en résulter pour les assujettis au point de vue de la taxe militaire, et comment cette taxe doit être calculée dans les différentes hypothèses qui peuvent se présenter.

1° Individus exempts de la cote mobilière en raison du chiffre matriciel de leur loyer inférieur à quatre cents francs.

La présomption d'indigence légale, dont ils bénéficient de ce chef par suite de la décision collective prise à leur égard par le Conseil municipal, les dispense *ipso facto* du payement de la Taxe militaire ; aussi bien de l'élément fixe que de l'élément proportionnel (alinéa 4, § 2 de l'article 35, loi du 15 juillet 1889) ;

2° Individus exempts de la cote mobilière pour une cause étrangère au chiffre de leur loyer.

Ce seront par exemple ceux qui logent en garni ou occupent un appartement en commun avec d'autres personnes imposées pour la valeur locative totale, en un mot tous ceux qui ne figureront pas au rôle pour un autre motif que celui tiré de la valeur de leur loyer matriciel. Ces personnes ne bénéficiant plus de la présomption d'indigence légale résultant du chiffre du loyer, doivent en principe être soumises à la taxe militaire. Mais, d'après quelles règles? D'abord, il n'est pas douteux qu'elles doivent la taxe fixe ; quant à la taxe proportionnelle il semble bien au premier abord qu'elle doive manquer de base, puisque par hypothèse les assujettis ne figurent au rôle ni pour la mobilière, ni pour la taxe personnelle imputée pour eux comme pour tous les autres contribuables sur les produits de l'octroi. Mais ce serait un point de vue inexact, en présence du texte de la loi d'après lequel on ne doit pas tenir compte du prélèvement sur les produits de l'octroi pour l'établissement de l'élément proportionnel de la taxe militaire. En l'espèce, cet élément de la taxe sera calculé sur la cote personnelle que l'assujetti aurait à payer si le prélèvement n'avait pas lieu. En un mot, les assujettis dont nous voulons déterminer la situation légale vis-à-vis de l'impôt, ne payent, il est vrai, ni taxe mobilière, ni taxe personnelle ; mais comme ils n'échappent à la taxe personnelle que grâce au prélèvement effectué sur l'octroi, cette cote n'en devra pas moins entrer en ligne de compte pour l'établissement de l'élément proportionnel de la taxe militaire.

Un arrêt du Conseil d'État, en date du 28 février 1896, a fait l'application de cette théorie dans une affaire Abbadie qui se présentait dans les circonstances suivantes :

Le sieur Abbadie occupait à Paris un appartement conjointement avec ses deux frères ; un de ces derniers, au nom duquel le bail avait été passé, figurait seul au rôle de la contribution mobilière, d'après la valeur locative de l'ensemble de l'habitation ; l'administration des contributions directes avait néanmoins imposé l'assujetti au droit proportionnel de la taxe militaire, d'une part à raison de la cote personnelle dont il était passible n'étant pas indigent, d'autre part à raison d'une cote mobilière évaluée d'après le tiers de la valeur locative de l'habitation qu'il occupait en commun avec ses deux frères.

Le sieur Abbadie avait alors demandé la décharge de cette imposition au Conseil de préfecture qui avait rejeté sa demande. C'est sur le pourvoi dirigé contre l'arrêté du Conseil de préfecture que le Conseil d'État a statué dans les termes suivants :

« ..... En ce qui concerne la taxe proportionnelle :
« Considérant qu'en vertu de l'article 35, paragraphe 3 de la
« loi du 15 juillet 1889, la taxe proportionnelle est égale au
« montant en principal de la cote personnelle-mobilière
« de l'assujetti ; qu'aux termes du même article les coti-
« sations imposables sont celles qui sont portées au rôle
« de la commune des contribuables, mais qu'elles sont
« déterminées sans avoir égard aux prélèvements qui
« peuvent servir à les acquitter sur les produits de l'oc-
« troi ; que cette dernière disposition doit être entendue
« dans ce sens que l'assujetti non porté au rôle de la
« contribution personnelle-mobilière, sera néanmoins
« imposable à la taxe militaire correspondante à cette
« contribution, lorsque son défaut d'inscription au rôle
« sera uniquement motivé par le fait que la cote person-
« nelle et la mobilière se trouveraient acquittées en totalité
« sur les produits de l'octroi ;

« Considérant que le requérant qui jouit de ses droits
« et n'est pas indigent était imposable à la contribution
« personnelle, que s'il n'a pas été imposé à cette contri-
« bution, c'est uniquement parce que dans la ville de
« Paris les cotes personnelles sont acquittées en totalité
« sur les produits de l'octroi ; que dès lors c'est avec

« raison que, par application de la disposition précitée, il
« a été imposé et maintenu à la taxe correspondante à la
« contribution personnelle ;

« Considérant, au contraire, que la contribution mobi-
« lière afférente à l'habitation occupée en partie par le
« sieur Abbadie (Auguste) a été, pour l'année 1892, inscrite
« en totalité au nom du sieur Abbadie (André), qu'ainsi
« le défaut d'inscription du requérant au rôle de cette
« contribution n'est pas dû aux prélèvements sur l'octroi ;
« qu'il suit de là qu'il n'y avait pas lieu de l'imposer pour
« 1892 à l'élément de la taxe militaire correspondant à la
« contribution mobilière..... »

Décharge des droits correspondants à la contribution
mobilière, réforme l'arrêté en ce qu'il a de contraire et
rejette le surplus des conclusions.

De cet arrêt, se dégagent nettement les conséquences
ci-après :

Pour qu'un assujetti puisse être passible de la taxe
proportionnelle, il faut qu'il figure personnellement au
rôle de la contribution personnelle-mobilière, sauf le cas
où sa non-imposition aurait pour seule cause le prélèvement total ou partiel du contingent de la commune de
son domicile sur les produits de l'octroi. Si l'administration estime que l'assujetti a été indûment omis, elle n'a
qu'un seul droit : celui de provoquer pour l'avenir son
inscription au rôle de la contribution personnelle-mobilière et d'y demander son maintien en cas de contestation ; mais elle ne peut suppléer au défaut d'une cote
personnelle-mobilière dont l'existence est indispensable
pour que le montant de cette imposition puisse entrer
en compte dans la détermination de la taxe proportionnelle.

3° Contribuables figurant au rôle de la contribution
mobilière quel que soit le chiffre de leur loyer.

Ce sont tous ceux qui payent plus de quatre cents francs de loyer matriciel et ceux qui, payant un chiffre inférieur, se trouvent dans l'un des cas prévus par la délibération annuelle prise par le Conseil municipal dont nous avons parlé plus haut ; c'est-à-dire les personnes ayant un simple pied à terre à Paris, les propriétaires logés ou non dans leurs maisons et figurant au rôle foncier..... etc..,

Ces contribuables seront imposés à la taxe fixe et à une taxe proportionnelle basée non seulement sur la taxe personnelle qu'ils payeraient comme les contribuables de la catégorie précédente, si elle n'était pas imputée sur les produits de l'octroi, mais encore sur leur taxe mobilière, non pas telle qu'elle figure au rôle ; mais abstraction faite des centimes additionnels d'une part, et d'autre part des prélèvements sur l'octroi. Pour établir le véritable chiffre devant servir de base à la taxe proportionnelle, il faut diviser le principal du contingent mobilier assigné à la ville de Paris pour l'année, par l'ensemble des valeurs locatives afférentes à ladite année, on obtient ainsi le principal le franc, c'est-à-dire le chiffre d'impôt mobilier en principal afférent à un franc de valeur locative matricielle, ce principal le franc multiplié par la valeur locative matricielle de chaque intéressé donnera le contingent mobilier en principal sur lequel doit être calculée la taxe proportionnelle.

Ce calcul sera pratiquement établi avec chiffres à l'appui dans le chapitre suivant alors qu'on aura passé en revue tous les éléments qui concourent à la formation de la taxe.

CHAPITRE III

CENTIMES ADDITIONNELS. — CALCUL PRATIQUE D'UNE TAXE MILITAIRE AVEC SES DIVERS ÉLÉMENTS

Au montant des taxes fixes et proportionnelles établies d'après les principes précédents, il y a lieu d'ajouter : (§ 7, art. 35 modifié).

1° Cinq centimes par franc pour le fonds de non-valeur destiné à couvrir les décharges et remises ;

2° Trois centimes par franc pour frais de perception, lesquels se calculent sur le total précédent y compris les cinq centimes pour fonds de non-valeur (1).

Les cinq centimes prévus pour les décharges et remises servent à alimenter le fonds de non-valeur. Ce fonds constitue pour les contributions directes de quotité une taxe accessoire à côté de la taxe principale, destinée à faire face aux demandes en décharge et en remise qui autrement seraient tombées sans compensation à la charge de l'État, diminuant ainsi dans une notable proportion le rendement de l'impôt.

Cet inconvénient, au moins en ce qui concerne les sommes allouées en décharge, n'existe pas pour les impôts de répartition. En effet, le contingent assigné à la commune constitue une dette indivise dont chaque habitant doit payer une part proportionnelle. Si par suite des décharges accordées à certains contribuables, ce contingent n'est pas

---

(1) Instruction de la Direction générale des contributions directes du 27 mai 1898. Circulaire n° 927, p. 10.

atteint, c'est que la répartition a été mal faite, et le montant des dégrèvements doit être réimposé dans le contingent de l'année suivante. Chaque année, le directeur des contributions directes rédige à cet effet, par commune, un état de réimpositions à comprendre dans les rôles de l'année suivante. Aussi, en ce qui concerne les impôts de répartition, le fonds de non-valeur est-il uniquement destiné à faire face aux remises gracieuses accordées aux contribuables nécessiteux, et dont on ne saurait faire retomber le poids sur les autres contribuables au moyen de réimpositions postérieures.

La taxe militaire étant un impôt de quotité, constitue une dette rigoureusement personnelle à chaque assujetti ; si l'un d'eux ne la paye pas pour une cause quelconque, qu'il s'agisse d'un dégrèvement ou d'une remise gracieuse, il ne saurait être question de la reporter sur les autres assujettis ; elle ne peut qu'être imputée sur le fonds de non-valeurs. C'est pourquoi la loi en autorisant la perception de cinq centimes additionnels, à cet effet, en a formellement prévu l'affectation collective aux décharges aussi bien qu'aux remises.

Après avoir passé en revue les divers éléments dont se compose la taxe militaire, il n'est pas sans intérêt pratique d'établir avec chiffres à l'appui, chiffres d'ailleurs rigoureusement exacts, comment une taxe militaire doit être calculée dans une ville comme Paris où la taxe personnelle-mobilière est en partie prélevée sur les produits de l'octroi. A cet effet, prenons un assujetti et supposons qu'il ait deux frères et un ascendant dont le loyer matriciel, obtenu comme on sait en prenant les 4/5 du loyer réel, s'élève à 2.880 francs (3.600 de loyer réel). L'assujetti ayant lui-même, par hypothèse, un loyer matriciel de 1.120 francs (1.400 de loyer réel).

La taxe militaire devra être établie de la manière suivante pour l'année 1898 :

A. — Taxe fixe égale à 6 francs............   6 f. »

B. — Taxe proportionnelle basée sur :

1° Le triple de sa taxe personnelle soit (à raison de la valeur de cette taxe fixée annuellement par le Conseil général) $2,25 \times 3 = 6,75$..........   6   75

(Il n'y a pas lieu de tenir compte effectivement de ce que la taxe personnelle est redimée par un prélèvement sur les produits de l'octroi.)

2° Le triple de sa taxe mobilière, non pas telle qu'elle figure au rôle mobilier, c'est-à-dire en l'espèce pour la somme de 143 fr. 13, calculée, en appliquant au loyer le taux de 12 fr. 78 0/0 fixé par la délibération du Conseil municipal du 30 décembre 1897 pour l'année 1898, mais la taxe obtenue en faisant abstraction des centimes additionnels généraux départementaux et communaux. A cet effet, on divise le principal du contingent annuel fixé par le Conseil général, déduction faite du produit de la taxe personnelle, par le total des valeurs locatives, soit 13.671.867 f. (contingent total) moins 514.548 francs produit de la taxe personnelle = 13.157.319 francs (contingent mobilier) : 248.727.150 francs (valeur locative) = 0 fr. 05289. Le résultat de l'opération donne le principal le franc, c'est-à-dire le chiffre d'impôt mobilier en principal afférent à 1 franc de valeur locative matricielle. Il suffit de le multiplier par le loyer de l'assujetti pour avoir le contingent mobilier en principal afférent à ce loyer, soit :

$$1.120 \times 0,05289 = 59,24.$$

A reporter.....   12   75

Report. . . . . 12 f. 75

Ce chiffre multiplié par trois nous donne la base cherchée : 59,24 × 3 = 177 fr. 72. . . . . 177 f. 72

3° Le triple de la taxe personnelle de l'ascendant 2,25 × 3 =. . . . . 6 f. 75

4° Le triple de la taxe mobilière en principal dudit descendant qu'on obtient, d'après les principes exposés ci-dessus, en multipliant d'abord la valeur du loyer par le principal le franc, puis en multipliant à son tour ce produit par trois, soit :

2880 × 0,05289 = 152 f. 32 × 3 = 456 f. 96   456   96

Total. 463   71

Total qu'il y a lieu de diviser par le nombre d'enfants (alinéa 3, § 3, art. 35) pour obtenir la base cherchée, soit :

463,71 : 3 = 154 fr. 57 ci 154   57

Total. 345   04

C. — Centimes additionnels pour fonds de non-valeur.

A ce total, il convient d'ajouter 5 centimes par franc, pour le fonds de non-valeur, soit :

345,04 × 0.05 = 17.25 ci 17   25

Total. 362   29

D. — Centimes pour frais de perception.

Ils se calculent sur le principal augmenté des centimes pour fonds de non-valeur à raison de 3 centimes par franc du total ainsi obtenu, ce qui donne :

362,29 × 0,03 = 10.86 ci 10   85

Total général. 373   15

L'assujetti aura donc à payer une somme totale de 373 fr. 15 centimes additionnels compris. A cette somme il y aura lieu d'ajouter, comme pour les autres impôts directs, cinq centimes pour frais de remise de l'avertissement au contribuable. Le coût de l'avertissement est d'ailleurs constant, quel que soit le montant de la taxe exigible.

SECTION III

POINT DE DÉPART ET DURÉE DU PAYEMENT
DE LA TAXE : CIRCONSTANCES QUI LA MODIFIENT

Aux termes de l'ancien article 35 et des règlements
d'administration publique du 30 décembre 1890 et
24 février 1894, la taxe était due dans tous les cas à
partir du 1er janvier qui suivait l'appel à l'activité de la
classe de l'assujetti, jusqu'au passage de cette classe dans
l'armée territoriale, soit pendant dix-neuf années. Si, au
1er janvier de l'une quelconque d'entre elles, l'assujetti
était présent sous les drapeaux au titre de l'armée active,
il ne payait pas la taxe afférente à ladite année, et de
plus, tout mois de service accompli entraînait une réduction proportionnelle dans la quotité des annuités payables
les années suivantes. La taxe, considérée comme l'équivalent de la dispense des trente-six mois (3 ans) de service
actif, était réduite d'un trente-sixième pour chaque mois
de service dont l'assujetti n'était pas dispensé. C'est ainsi
qu'un individu classé dans les services auxiliaires (art. 33,
loi du 15 juillet 1889) et dispensé à ce titre de tout service
actif, était imposé aux 36/36e de la taxe, un dispensé conditionnel de l'article 23 ne l'était qu'aux 24/36e afférents
aux 24 mois de dispense dont il bénéficiait ; un individu
réformé avec congé n° 2, au bout de deux années de service,
ne devait que les 12/36e correspondants aux douze mois
de l'exonération : de telle sorte que la quotité des années

exigibles était directement proportionnelle à la durée de la dispense.

Le législateur de 1898 a profondément modifié la législation antérieure sur ces divers points.

Il a pensé que la durée du payement de la taxe était exagérée par rapport à celle de la dispense ; de plus, cette durée de la perception donnait lieu à toutes sortes de difficultés pratiques et de mécomptes en raison de l'instabilité de la matière imposable, c'est pourquoi il a réduit à trois années la durée d'exigibilité de la taxe.

En second lieu le nombre des mois de service effectués n'a plus d'influence sur la quotité des annuités exigibles. La réduction de ce chef, qui s'expliquait avec une imposition perçue pendant dix-neuf ans, n'a plus de raison d'être avec le système actuel qui fait concorder la période d'imposition avec la période d'exonération du service actif.

Enfin, le point de départ de la période d'imposition est lui-même modifié, il se place au 1er janvier qui suit la décision par laquelle le Conseil de revision a fixé définitivement la situation de l'assujetti, et non plus à partir du 1er janvier qui suit l'appel à l'activité de sa classe comme cela avait lieu dans tous les cas sous l'empire de l'ancienne législation.

« La taxe militaire est due pendant trois ans, à partir
« du 1er janvier qui suit la décision par laquelle le Conseil
« de revision a fixé définitivement la situation de l'assu-
« jetti. » (Alinéa 1, § 4, art. 35 modifié.)

Les termes employés par la loi ne sont pas à l'abri de toute critique ; pris à la lettre ils sembleraient indiquer que l'imposition doit commencer seulement quand le Conseil a fixé définitivement la situation des assujettis au point de vue de la dispense. Or, le Conseil ne fixe pas définitivement la situation des assujettis, qui est susceptible de se modifier par suite d'événements postérieurs au prononcé de la dispense. Si nous prenons, par exemple, un dispensé conditionnel de l'article 23, bien qu'il ait été dispensé en principe par le Conseil de revision de deux années de service, il pourra perdre le bénéfice de cette dispense s'il n'obtient pas dans les délais fixés les diplômes en vue desquels il avait été dispensé, ou s'il ne continue pas de remplir certaines fonctions déterminées ; de même pour un exonéré en vertu de l'article 50 par suite de résidence à l'étranger ; s'il rentre en France avant d'avoir atteint l'âge de trente ans, il pourra être incorporé pour la durée normale du service. On peut dire que d'une manière générale la décision prise par le Conseil de revision au point de vue de la dispense, ne fixe pas définitivement la situation des assujettis.

En réalité, la disposition qui précède ne vise qu'une catégorie d'assujettis, les jeunes gens qui en vertu de l'article 27 sont par suite d'ajournements successifs appelés à comparaître plusieurs fois devant le Conseil de revision. Autrefois, ils étaient imposés comme tous les autres assujettis à partir du 1er janvier qui suivait l'appel à l'activité de leur classe. Désormais ils ne seront plus imposables qu'après la dernière décision prise à leur égard par le Conseil. Cette solution est une conséquence logique de la disposition nouvelle du paragraphe 1er de l'article 35, aux termes duquel les ajournés ne sont passibles de la taxe que s'ils ne sont pas définitivement exemptés après deux ajournements successifs. Comme il est impossible de prévoir après un premier ou second ajournement s'il sera ou non suivi d'exemption, il fallait bien attendre la dernière comparution de l'intéressé devant le Conseil, pour savoir s'il y avait ou non lieu de l'imposer.

En définitive, c'est donc pour les ajournés seulement que le point de départ de la taxe se trouve modifié, pour

les autres assujettis, il reste en fait fixé, comme auparavant, au 1er janvier qui suit l'appel de leur classe à l'activité, puisque pour eux cette date est également celle
qui suit leur unique et définitive comparution devant le
Conseil.

En somme, le point de départ de la taxe fixé par la
nouvelle loi se confond avec l'ancien pour tous les assujettis sauf pour les ajournés, et le législateur aurait
formulé la nouvelle règle d'une manière beaucoup plus
claire, en disant que la taxe serait due pendant trois ans
à partir du 1er janvier qui suivrait la comparution
définitive de l'assujetti devant le Conseil de revision.

La période d'imposition qui, en principe, a son point de
départ au 1er janvier de l'année qui suit la comparution définitive de l'assujetti devant le Conseil de revision est susceptible d'être modifiée par suite d'une circonstance prévue à
l'alinéa 2 du paragraphe 4, celle où l'assujetti subit à la
date ci-dessus mentionnée la peine de l'emprisonnement,
en vertu d'un jugement. La période d'imposition commence alors seulement à l'expiration de la peine. Cette
disposition de la loi d'après laquelle on ne doit pas faire
coïncider la période de l'imposition avec celle de l'emprisonnement se justifie par une double considération tirée
de l'insolvabilité résultant le plus souvent de l'incarcération de l'assujetti, et de la rigueur qu'il y aurait à
rendre l'ascendant responsable d'une taxe dont il n'aurait
pu en fait obtenir le remboursement.

Soit un appelé de la classe 1898, classé dans les services auxiliaires et assujetti à ce titre au payement de la
taxe. Normalement elle serait exigible à partir du 1er janvier 1899 et pendant les années 1899, 1900 et 1901. Par
suite d'une condamnation à quatre ans de prison, il est
incarcéré à partir du 1er décembre 1899 ; aux termes de
la loi, la période d'imposition au lieu de commencer nor-

malement au 1er janvier 1899 ne commencera qu'au 1er janvier 1904 qui suivra l'expiration de la peine. Il faut remarquer que la loi ne prévoit que l'emprisonnement résultant d'un jugement; par suite, il n'y aurait pas lieu de surseoir à l'imposition si au 1er janvier qui suit la décision du Conseil de revision, l'assujetti se trouvait simplement en prison préventive, mais n'avait pas encore été condamné. La loi ne prévoit pas le cas où la condamnation intervenant au cours de la période d'imposition, l'assujetti se trouverait incarcéré, non pas au 1er janvier de la première année, mais au 1er janvier de la deuxième ou troisième année de l'imposition. En pareil cas, et l'assujetti ayant été normalement imposé la première année, il y aurait lieu de surseoir au recouvrement et de ne pas le porter au rôle de la deuxième ou troisième année. Il semble qu'on doive, par voie d'analogie, adopter cette solution, il y a les mêmes raisons de décider que dans l'hypothèse spécialement prévue par la loi, celle où la condamnation et l'emprisonnement sont antérieurs à toute imposition : dans les deux cas, la créance du Trésor devient d'un recouvrement difficile par suite de l'insolvabilité du débiteur, ou ne peut être recouvrée que sur les ascendants sans que pratiquement ceux-ci puissent en obtenir le remboursement.

Par suite, l'incarcération de l'assujetti au 1er janvier de l'une quelconque des années normales d'imposition, aura pour effet de suspendre le recouvrement de la taxe qui sera reporté au 1er janvier qui suivra l'expiration de la peine.

La durée normale de l'imposition est en principe de trois années, mais elle est susceptible de varier par suite de certains événements expressément prévus par la loi (alinéas 3 et 4, § 4, art. 35). Les circonstances de nature à influer sur la durée de l'imposition et à la restreindre sont les suivantes :

1° La présence de l'assujetti sous les drapeaux comme incorporé dans l'armée active au 1er janvier de l'une quelconque des trois années de l'imposition. Dans ce cas, l'assujetti n'est pas imposable à la taxe militaire pour ladite année.

Nous avons vu que le fait d'être présent sous les drapeaux au 1er janvier de l'une quelconque des années de l'imposition avait un double effet sous l'empire de l'ancienne législation. Non seulement la taxe n'était pas due pour l'année au 1er janvier de laquelle l'assujetti était présent sous les drapeaux, mais de plus on tenait compte des mois de service actif accomplis pour le calcul des annuités postérieures de la taxe. Dans le système de la loi nouvelle, la présence de l'assujetti au 1er janvier de l'une quelconque des trois années est sans influence sur les deux autres annuités de la taxe, payables intégralement.

2° Le décès de l'assujetti.

Il est évident, en vertu du principe de l'annualité de l'impôt, qu'en cas de décès de l'assujetti au cours de l'une des années d'imposition, la taxe ne saurait être due pour l'année suivante, elle manquerait de base ; la loi aurait pu se dispenser de prévoir formellement cette hypothèse.

3° La réforme de l'assujetti.

La mise en réforme de l'assujetti n'étant qu'une exemption pour cause d'infirmités prononcée au cours du service devait avoir naturellement pour effet de dispenser de la taxe l'individu réformé au même titre que s'il avait été exempté avant toute incorporation par le Conseil de revision lui-même. Les exemptés pour cause d'infirmités ne figurent pas en effet parmi les individus passibles de la taxe dont le nouvel article 35, paragraphe 1er, donne une énumération limitative. Il n'y avait aucune raison de soumettre à un régime différent les individus exemptés pour infirmités par le Conseil de revision préalablement à tout service, et ceux qui par suite d'infirmités postérieures à leur incorporation étaient réformés au corps et renvoyés dans leurs foyers. Leur situation était également intéressante, on peut même dire que la dispense se comprend encore mieux quand il s'agit d'individus réformés par suite de blessures ou d'infirmités contractées au service. Il serait véritablement exorbitant que l'État se fît payer une taxe à raison d'infirmités contractées à son service. C'est pourquoi la loi de 1889 en dispensait déjà les hommes réformés ou admis à la retraite pour blessures reçues dans un service commandé, alors qu'elle y soumettait les hommes exemptés pour cause d'infirmités par les Conseils de revision.

Enfin, la loi se préoccupant d'une situation spéciale a décidé que « le service effectué en vertu d'un engage- « ment antérieur à l'inscription de l'assujetti sur la liste « de recrutement cantonal, sera considéré comme fait à « partir du 1er novembre de l'année de l'appel de la classe « à laquelle l'assujetti appartient par son âge. » (Alinéa 3°, § 4, art. 35.)

L'utilité pratique de cette disposition apparaît notamment dans l'hypothèse suivante : celle où l'engagé volontaire au moment de son engagement a demandé à bénéficier des dispositions de l'article 23 (dispense conditionnelle) et a été renvoyé dans ses foyers après un an de présence sous les drapeaux (art. 59 *in fine* de la loi du 15 juillet 1889 modifié par la loi du 11 juillet 1892), soit un conscrit de la classe 1898, engagé volontaire à partir du 1er janvier 1897 et renvoyé dans ses foyers conformément à sa demande après un an de présence sous les drapeaux le 1er janvier 1898. Si la disposition spéciale qui nous occupe n'existait pas, sa situation au point de vue de la taxe militaire serait réglée de la manière suivante : il devrait être imposé à la taxe comme dispensé de l'article 23, à partir du 1er janvier qui suivrait sa comparution devant le Conseil de revision, c'est-à-dire en l'espèce à partir du 1er janvier 1900 et ce pendant une période de trois années, puisqu'à aucun moment de ladite période il ne serait présent au corps comme incorporé dans l'armée active. L'année de service accomplie antérieurement à l'appel de sa classe ne lui serait donc d'aucune utilité au point de vue de la dispense partielle de la taxe. Pour obvier à cet inconvénient, la loi décide que cette année de service devra être considérée comme faite à partir du 1er janvier qui suit l'appel de sa classe d'âge, c'est-à-dire de la classe 1898. Au 1er janvier 1900, il devra être considéré comme présent sous les drapeaux et ne sera par suite imposable qu'en 1901 et 1902, c'est-à-dire qu'il sera traité exactement comme les autres dispensés de l'article 23 qui, n'ayant pas devancé l'appel, sont incorporés avec leur classe, présents sous les drapeaux au 1er janvier 1900 et absents à pareille époque des années 1901 et 1902.

SECTION IV

RECHERCHE DE LA MATIÈRE IMPOSABLE
ÉTABLISSEMENT ET CONFECTION DES ROLES

C'est au service des contributions directes chargé de l'assiette de l'impôt qu'incombe le soin de réunir les renseignements préparatoires nécessaires à l'établissement et à la confection des rôles, c'est-à-dire du titre exécutoire, en vertu duquel les contribuables pourront être contraints d'acquitter les sommes mises à leur charge.

Les règles que nous avons à étudier sont principalement contenues dans le règlement d'administration publique en date du 11 avril 1898, rendu en exécution du nouvel article 35 et aussi dans le règlement du 24 février 1894, dont toutes les dispositions n'ont pas été abrogées par le règlement nouveau. Ce sont ces deux règlements et les dispositions législatives dont elles règlent l'application qui vont faire l'objet de notre étude.

§ 1er. – Recherche des Éléments imposables.

La recherche des éléments imposables préalable à la confection du rôle comporte deux natures de renseignements bien distincts : les uns relatifs aux individus susceptibles d'être imposés ; les autres aux éléments d'imposition propres à chaque assujetti. Il faut donc déterminer d'abord quels sont les assujettis, et spécialement pour chacun d'eux les bases de l'imposition.

Le service des contributions directes est assisté dans ce travail par les différentes autorités civiles et militaires dont le concours a été prévu et déterminé par la loi.

Chaque année, le Directeur des contributions directes dans son département charge un ou plusieurs contrôleurs d'effectuer à la Préfecture le relevé des hommes passibles de la taxe ou susceptibles d'en être passibles à un moment donné, à l'aide des listes du recrutement cantonal et des procès-verbaux des opérations des Conseils de revision, notamment en ce qui concerne :

1° Les hommes dispensés par les Conseils de revision en vertu des articles 21 (modifié par la loi du 6 novembre 1890), 23, 50, 81 et 82 de la loi du 15 juillet 1889 ;

2° Les hommes ajournés à un nouvel examen (même loi, art. 27) ;

3° Les hommes classés dans les services auxiliaires de l'armée.

Les préfets communiquent sans déplacement au service des contributions directes les divers documents dont s'agit. Ils lui communiquent également sans déplacement les déclarations prévues à l'article 30 de la loi sur le recrutement, en ce qui concerne les renonciations à la qualité d'inscrits maritimes ; lorsque les inscrits ont moins de trois ans de service dans l'armée active.

Les agents des contributions directes portent au bas de la feuille de tête des documents précités, une mention indiquant qu'ils les ont compulsés, ainsi que la date à laquelle ils ont effectué ce travail. (Instruction de la Direction générale des contributions directes du 27 mai 1898, circ. n° 927.)

Ces opérations doivent être entreprises aussitôt que celles des Conseils de revision sont définitivement arrêtées, de manière à être achevées avant le 15 octobre de l'année pendant laquelle a lieu l'appel de la classe.

Outre ces indications prises sur place dans les bureaux de la Préfecture, l'administration préfectorale, les autorités militaires et maritimes doivent prendre l'initiative de certaines communications relatives aux assujettis, et que le service de l'assiette ne serait pas à même de se procurer dans les bureaux de la Préfecture.

C'est ainsi qu'aux termes de l'article 18 du décret du 24 mai 1898, les Conseils d'administration des corps de troupe et des dépôts des équipages de la flotte communiquent au service des contributions directes, tous les renseignements relatifs aux circonstances comportant une abréviation ou un accroissement dans la durée du service militaire telle qu'elle résultait des décisions du Conseil de revision ou des actes d'engagements volontaires. Ces communications ont lieu par l'intermédiaire du Préfet du département où l'intéressé a satisfait à la loi du recrutement et au moyen de bulletins individuels établis au moment même où se produisent les faits :

Elles comprennent notamment :

En ce qui concerne les abréviations dans la durée du service.

1º Les dispenses accordées par l'autorité militaire ou maritime, en vertu des articles 1er, paragraphe 3 et 35 du règlement d'administration publique du 23 novembre 1889.

2º Le passage dans la disponibilité, en vertu de l'article 39 de la loi du 15 juillet 1889,

3º Le décès des hommes ayant moins de trois ans de service.

En ce qui concerne les circonstances comportant un accroissement dans la durée du service.

Les rappels ou maintiens sous les drapeaux prévus aux articles 50, 21, 24, 25, 47, 81 et 82 de la loi du 15 juillet 1889.

Toute circonstance comportant une abréviation de la

durée du service militaire telle qu'elle résultait des faits notifiés en vertu des articles précédents, donnerait lieu à de nouvelles communications qui s'effectueraient de la même manière (art. 20, Décret du 24 février 1894).

C'est toujours par l'intermédiaire de l'autorité préfectorale que les différentes autorités militaires ou maritimes, doivent communiquer avec le service de l'assiette.

Lorsqu'un homme ayant moins de trois ans de service militaire dans l'armée active vient à être inscrit sur les contrôles de l'inscription maritime, le commissaire de l'inscription maritime en donnera avis au préfet du département où cet homme a son domicile. Cette notification a lieu dans les quinze jours de l'immatriculation (même Décret, art. 11).

La gendarmerie de chaque localité transmet immédiatement au préfet du département au moyen de bulletins individuels tous les renseignements qui lui sont fournis en vertu de l'article 55 de la loi sur le recrutement, relativement au changement de domicile ou de résidence des hommes ayant moins de trois ans de service dans l'armée active. Ces renseignements sont communiqués par le préfet au service des contributions directes (même Décret, art. 12).

Les commandants de recrutement sont tenus de répondre par des extraits individuels du registre matricule prévu à l'article 36 de la loi sur le recrutement, aux demandes de renseignements qui leur sont adressées par le préfet pour servir à l'assiette ou au recouvrement de la taxe militaire.

Ils communiquent les ajournements d'incorporation résultant des demandes qui seraient formées par les dispensés dans le cas prévu au dernier alinéa du paragraphe 5 de l'article 21 de la loi sur le recrutement, modifié par la loi du 6 novembre 1890. Cette disposition est relative au cas

où deux frères se suivant à moins de trois années d'intervalle, le dispensé use de la faculté qui lui est accordée de
demander à n'être incorporé qu'à l'expiration du temps de
service obligatoire de son frère.

Le préfet ne se borne pas à servir d'intermédiaire entre
les autorités militaires et maritimes et le service des contributions directes, il doit, comme nous l'avons vu, se
tenir à la disposition de ce service, et lui communiquer
sans déplacement les listes du recrutement cantonal et les
procès-verbaux des séances du Conseil de revision relatives
aux opérations concernant les hommes de la classe appelée
à l'activité.

Enfin, dans un cas spécial, il doit prendre l'initiative du
renseignement à fournir et informer le service de l'assiette
des engagements volontaires contractés en vertu de l'article 62 de la loi sur le recrutement. Ce renseignement
n'aura pas à être fourni dans tous les cas, mais seulement
quand l'engagement volontaire devra avoir pour effet de
modifier la situation de l'engagé au point de vue de la
taxe militaire. Pour cela, il faut supposer qu'au moment
de l'engagement, l'engagé est passible de la taxe, par
exemple en vertu de l'article 50 et à raison de sa résidence à l'étranger ; le fait de son engagement suspend l'exigibilité de la taxe, et il y a intérêt pour le service des contributions directes à en être informé. Si, au contraire,
l'engagé n'était pas déjà passible de la taxe, l'engagement
volontaire ne changerait rien à sa situation et le renseignement n'aurait aucune utilité au point de vue de l'assiette
de l'impôt.

Lorsque la situation d'un individu est douteuse au point
de vue de la taxe, et ne résultera pas clairement des renseignements déjà fournis par les autorités civiles ou
militaires, le directeur devra demander selon les cas, aux
commandants des bureaux de recrutement ou aux com-

missaires de l'inscription maritime, par l'intermédiaire du préfet, les renseignements voulus pour établir clairement la situation de cet individu. (Décret du 24 mai 1898, art. 13.)

A l'aide des divers renseignements qu'ils recueillent eux-mêmes, ou qu'ils reçoivent des différentes autorités chargées de leur en fournir ; les contrôleurs des contributions directes rédigent un bulletin individuel :

1° Pour chaque homme passible de la taxe militaire ;

2° Pour tout homme qui, redevable de cette taxe par son âge et sa situation au point de vue du service dans l'armée active, en serait affranchi pour un motif légal.

Ils remplissent sur la première page le cadre relatif aux renseignements concernant l'assujeti (noms, prénoms, numéro du tirage, domicile au point de vue militaire, etc...), et suivant les cas ils mentionnent les motifs de l'exonération du service actif ou les renseignements fournis par les autorités militaires et maritimes.

Les bulletins de l'espèce forment deux séries par commune : la première série comprendra les bulletins devant servir de minute pour la formation de l'état matrice, et se rapportant par conséquent aux redevables à inscrire dans les rôles de l'année ; dans la seconde série on classera les bulletins relatifs aux contribuables exemptés de la taxe, ou susceptibles d'être imposés ultérieurement. Ces bulletins seront les uns et les autres annotés de toutes les indications utiles jusqu'à ce que la classe à laquelle appartient le titulaire du bulletin soit passée dans la réserve de l'armée active ; la taxe cessant en principe d'être due à partir de cette époque. En cas de décès du titulaire, le fait sera consigné sur le bulletin qui sera classé dans les archives du contrôleur.

Chaque année au 15 octobre, les bulletins rédigés comme il vient d'être dit, seront adressés au directeur du département avec un bordereau qui en énoncera le nombre.

A l'aide des indications consignées sur ces bulletins, relativement au domicile des ascendants ou aux conditions particulières dans lesquelles se trouveraient les assujettis, et permettant d'imposer la taxe à leur nom, le directeur fait, avant le 1er novembre, la répartition de ces divers documents entre les contrôleurs du département, ou entre ses collègues des autres départements, selon la situation du domicile des redevables.

Toutefois, il y a lieu de remarquer que les renseignements dont peut disposer le directeur au moment de cette répartition des bulletins individuels entre les contrôleurs, renseignements qui lui ont été fournis par l'autorité militaire ou maritime, ou qu'il a fait relever dans les bureaux de la préfecture, se réfèrent seulement au domicile de l'assujetti ou de ses ascendants au moment du tirage au sort. Comme ils ont pu en changer depuis cette époque, il était indispensable de recueillir, préalablement au travail de la confection de l'état matrice du rôle dans la commune, des renseignements complémentaires et précis touchant le domicile au 1er janvier de l'année de l'imposition des assujettis et de leurs ascendants.

A cet effet, dans les communes où il est procédé à un recensement annuel pour l'assiette des contributions personnelle-mobilière et des patentes, les contrôleurs ne doivent pas négliger de recueillir lors de ce recensement tous les renseignements en l'espèce dont ils peuvent avoir besoin.

Dans les communes où n'existe pas de recensement annuel, on procède de la manière suivante :

Le contrôleur dresse une liste présentant, pour tous les redevables imposables ou désignés comme susceptibles d'être imposés à la taxe militaire dans la commune, les noms, prénoms, profession et domicile : 1° des ascendants ; 2° des assujettis. Cette liste qui sera permanente, devra, chaque année, être annotée des indications relatives aux nouveaux contribuables signalés par les derniers bulletins reçus au contrôle (jeunes gens de la dernière classe ; nouveaux domiciliés, etc.....) comme imposables dans la commune.

Cette liste est communiquée aux maires par les contrôleurs dix jours au moins avant l'époque fixée pour le travail annuel dans la commune.

Les maires procèdent à la revision détaillée de cette liste dès qu'ils la reçoivent et font recueillir, au besoin, auprès des ascendants, des renseignements sur le domicile actuel des assujettis, notamment de ceux qui habitent les villes importantes et dont il importe d'avoir les adresses exactes : soit qu'ils doivent être nominalement imposés, soit que leur propre cote personnelle-mobilière doive entrer en ligne de compte pour l'imposition de la taxe militaire au nom de l'ascendant.

Cette liste est remise aux contrôleurs lors de leur passage dans la commune pour la rédaction de l'état matrice du rôle. (Instruction du 27 mai 1898.)

§ 2. — Confection de l'état matrice du rôle.

L'état matrice de la taxe militaire est le document dans lequel doivent être réunis pour chaque commune tous les renseignements dont l'administration a besoin pour dresser les rôles et assigner à chaque contribuable la part qui lui revient dans le payement de l'impôt.

Il est rédigé dans chaque commune par le contrôleur assisté du maire, pendant la tournée spéciale affectée à l'assiette des taxes assimilées ; mais, il ne doit être définitivement arrêté qu'après la réception des renseignements

qui feraient défaut pour déterminer le montant de la taxe ;
ce qui arrive particulièrement lorsque les assujettis et
leurs ascendants imposables ne sont pas domiciliés dans
une même commune.

Les agents de l'assiette doivent, d'ailleurs, contrôler et
compléter les renseignements portés sur chacun des bulletins individuels en leur possession par les examens des
listes électorales, des tableaux du dénombrement de la
population, et se livrer, en un mot, à toutes les investiga-
tions nécessaires pour découvrir tous les hommes passibles de l'impôt y compris ceux pour lesquels n'existe-
raient pas de bulletins individuels.

Les bulletins individuels se rapportant aux redevables
(assujettis ou ascendants) domiciliés dans la commune au
1er janvier, sont classés dans l'ordre alphabétique des
noms patronymiques de ces redevables, et dûment com-
plétés et mis au courant, servent de minute pour la formation de l'état matrice, distraction faite de ceux qui
concernent des contribuables légalement exemptés de la
taxe militaire. Quant aux bulletins individuels qui, d'après
les changements constatés, concernent des contribuables
imposables dans d'autres communes, ils sont transmis par
l'intermédiaire du directeur, au contrôleur à qui il appartient d'assurer l'imposition. Chaque bulletin doit être
accompagné des pièces qui s'y rapportent concernant la
situation de l'assujetti. Au moyen des bulletins de la première catégorie le contrôleur dresse l'état matrice qui doit
mentionner : les noms, prénoms, profession et résidence
des personnes déclarées imposables par la loi nouvelle
(loi du 13 avril 1898), dont nous étudierons bientôt les
dispositions, c'est-à-dire selon les cas, de l'assujetti lui-
même ou de l'un de ses ascendants du premier degré.
Lorsque l'article est ouvert au nom de l'ascendant, le

contrôleur y inscrit en outre les noms, profession et résidence de l'assujetti.

Lorsqu'un ascendant est cumulativement imposé à plusieurs taxes militaires du chef de plusieurs enfants, il y
a lieu d'ouvrir au rôle, au nom de cet ascendant, autant
d'articles qu'il aura d'enfants passibles de l'impôt. De cette
manière l'ascendant imposé connaîtra exactement l'étendue
du recours éventuel qui lui est réservé par la loi contre
chacun des assujettis pour obtenir le remboursement de
ce qu'il aura avancé (§ 6, art. 35 modifié). Au contraire,
en l'absence de cette ventilation, il lui cût été difficile
de déterminer lui-même, dans la somme globale de l'imposition, la part de chacun des assujettis, et par suite
l'étendue de son action contre chacun d'eux.

Il y a lieu pour le contrôleur de vérifier avec soin la
situation de l'assujetti ou de son ascendant imposable au
point de vue de la contribution personnelle-mobilière.

Lorsque les ascendants et les assujettis ne sont pas
domiciliés dans la même commune, et qu'il est impossible
d'effectuer sur place, d'une manière complète, les recherches relatives à leur situation contributive, le contrôleur
du lieu de l'imposition y suppléera par des indications supplémentaires recueillies annuellement auprès des contrôleurs des autres communes au moyen de bulletins de
renseignements permanents.

Le contribuable, au nom duquel la taxe est inscrite,
c'est-à-dire suivant les cas, l'ascendant ou l'assujetti est
imposable dans la commune où il a son domicile réel au
1ᵉʳ janvier, sauf l'exception ci-après relative aux assujettis en résidence à l'étranger (art. 50, loi du 15 juillet 1889).

Lorsque la taxe due par un assujetti, en résidence à
l'étranger, ne peut être imposée au nom de ses ascendants,
il est personnellement imposable dans la commune où il

a son domicile au point de vue militaire (art. 13, loi du 15 juillet 1889 et décret du 24 février 1894, art. 7).

Lorsque la cotisation est ouverte au nom d'un des ascendants de l'assujetti, elle devra comprendre, indépendamment de la fraction imposable de la contribution personnelle-mobilière de cet ascendant, les éléments d'impositions particuliers à l'assujetti (taxe fixe et contribution personnelle-mobilière en principal). Le tout ne doit former qu'un seul article par assujetti.

S'il arrivait que, par suite de changement de résidence entre le travail des mutations et le 1er janvier, l'ascendant ou l'assujetti ne soit imposé à la contribution personnelle-mobilière que dans son ancienne résidence, c'est la fraction imposable de cette contribution que l'on prendrait comme élément d'imposition.

Pour faciliter l'exécution des dispositions précédentes, le décret du 24 mai 1898 (art. 4), en cas de changement de domicile, avant le 1er janvier, de l'assujetti et de l'ascendant, impose à ce dernier l'obligation de faire à la mairie de l'ancien domicile et avant le 15 février une déclaration indiquant le lieu de sa nouvelle résidence ou de celle de l'assujetti.

A défaut de cette déclaration, et si, d'ailleurs en fait, le domicile actuel n'est pas connu du service de l'assiette, il y a lieu de maintenir l'imposable à l'état matrice avec les bases de cotisation afférentes à l'année antérieure.

Les contrôleurs doivent, en résumé, s'attacher à soumettre à la taxe tous les hommes qui en sont véritablement redevables, mais ils ont également pour devoir d'éviter toute imposition abusive, et ne doivent pas négliger, en conséquence, de se munir au moment de leur travail dans la commune de tous les renseignements d'où ressortirait pour certains individus une exemption totale ou partielle.

Lorsqu'ils ont reçu tous les renseignements relatifs à la situation contributive des assujettis, ils complètent l'état matrice qu'ils n'avaient pas définitivement arrêté lors de leur tournée spéciale dans la commune, ils le communiquent au maire en l'invitant à y consigner, s'il y a lieu, ses observations et à l'adresser immédiatement au directeur. Les redevables y sont inscrits dans l'ordre alphabétique de leurs noms patronymiques. Cependant, dans les communes où on jugerait avantageux d'adopter l'ordre topographique par rues et numéros, ce mode de rédaction pourrait être autorisé par la Direction générale sur la proposition du directeur du département.

Le contrôleur doit faire la communication aux maires au plus tard le 20 avril; en même temps, il adresse au directeur la liste des communes dans lesquelles il n'y a pas d'assujettis à la taxe, et où, par suite, il n'y a pas eu lieu de rédiger d'état matrice.

Si le directeur ne juge pas qu'il doive être donné suite aux observations du maire, il soumet le différend au Préfet avec ses propositions motivées. Le Ministre des Finances statue définitivement si le Préfet n'adopte pas les propositions du directeur (art. 1er, décret du 24 mai 1898).

Le directeur vérifie l'état matrice en le rapprochant de l'état matrice de l'année précédente; s'assure de l'exactitude des bases de cotisation des intéressés, et fait le calcul de ces cotisations. Ces calculs doivent être soumis aux genres de preuves les plus efficaces pour en assurer l'exactitude.

§ 3. — Confection et publication des rôles.

Ce travail préparatoire effectué, il ne reste plus qu'à confectionner les rôles, c'est-à-dire le titre exécutoire permettant à l'administration de recouvrer l'impôt; les rôles doivent être la copie exacte de la matrice; s'il y avait désaccord entre le rôle et la matrice, c'est aux énonciations de cette dernière qu'il faudrait s'attacher de préférence. (Conseil d'État, 20 juillet 1888, Iran-Castel, *Leb. chr.*, p. 657.)

La date de la loi de finances en vertu de laquelle est autorisée la perception de l'impôt, doit figurer sur la feuille de tête du rôle. (Circulaire du 23 août 1830.) Mais les percepteurs ne sont plus tenus de représenter aux contribuables ces feuilles de tête; ceux-ci peuvent se procurer les renseignements qu'elle contient à la mairie sur un tableau où sont consignés tous les détails de la feuille de tête. (Circulaire du 20 juillet 1880.) Le rôle lui-même présente pour chacun des articles qui le composent les renseignements ci-après :

Les noms, prénoms, profession et résidence de l'ascendant responsable et de l'assujetti.

Les bases et détails de la taxe comprenant : La taxe fixe, la taxe proportionnelle et les éléments sur lesquels elle a été calculée, les centimes pour fonds de non-valeur, et les centimes pour frais de perception et d'avertissement.

La réunion de ces divers éléments forme le total de la dette du contribuable figurant dans l'article du rôle.

La confection des rôles est confiée aux premiers commis de direction qui doivent surveiller tous les travaux qu'elle comporte, en coordonner et vérifier les résultats sous la responsabilité du directeur.

Les rôles de la taxe militaire sont arrêtés et rendus exécutoires par le préfet. (Décret du 24 mai 1898, art. 5.)

L'homologation des rôles par le préfet est l'acte qui donne aux comptables le droit de mettre le rôle en recouvrement. Cette opération ne peut être faite en principe qu'après que la loi portant fixation du budget général des recettes de l'exercice en a autorisé la perception. (Circulaire du 20 juillet 1880.) En fait, à cause de l'abus des douzièmes provisoires et de l'époque tardive du vote du budget, la pratique s'est établie de détacher de la loi portant fixation générale du budget, les recettes relatives aux contributions directes dont l'établissement, à cause des opérations complexes qu'il comporte, est autorisé par une loi spéciale qui intervient généralement au mois de juillet de l'année antérieure à l'exercice.

Tantôt cette loi spéciale en même temps qu'elle autorise l'établissement de l'impôt direct, en autorise également la perception; tantôt elle contient une clause restrictive aux termes de laquelle la mise en recouvrement ne peut avoir lieu qu'en vertu d'une deuxième loi spéciale ou de la loi générale du budget, quand celle-ci intervient avant le 31 décembre.

Pour l'exercice 1898, c'est la loi du 21 juillet 1897 qui a autorisé l'établissement de l'impôt direct et des taxes assimilées, celle du 24 décembre 1897 en a autorisé la perception, mais dans son article 16 elle a fait une restriction relative à la taxe militaire à cause des réformes prévues pour cet impôt, en décidant qu'elle ne serait perçue qu'en vertu de la loi générale du budget. C'est donc en vertu de cette loi votée le 13 avril 1898 que les rôles de 1898 ont été publiés et mis en recouvrement.

L'émission consiste dans une déclaration inscrite au bas du rôle et par laquelle le préfet certifie en avoir vérifié le contenu, en arrête le montant, et enjoint aux percepteurs d'en opérer le recouvrement sur les contribuables.

L'émission des rôles doit avoir lieu dans les dix jours de leur réception par le préfet (arrêté du 16 thermidor, an VIII, art. 13).

Le préfet seul a le droit de rendre les rôles exécutoires. L'approbation préfectorale est une des caractéristiques essentielles de la contribution directe au même titre que la désignation nominative des contribuables. Cette approbation ne peut être donnée et les rôles dressés, que pour les taxes assimilées aux contributions directes par une disposition législative; c'est ainsi que le Conseil d'État n'a jamais admis ce procédé de recouvrement pour certaines redevances dues au communes par les habitants, notamment pour distribution d'eau ou pour construction d'égouts (Conseil d'État, 25 juin 1875, Bon-Léonard (P. adm. chr.), 21 mai 1886, Baillon *Leb. chr.*, p. 438).

Il va sans dire qu'à l'inverse, lorsque des taxes comme celle qui nous occupe sont assimilées aux contributions directes, il ne serait pas permis de les recouvrer autrement que par le moyen des rôles revêtus de l'approbation préfectorale.

L'émission des rôles est une opération administrative qui ne peut donner lieu à aucun recours contentieux. Les contribuables ne sont pas recevables à se pourvoir pour excès de pouvoirs, soit contre l'arrêté du préfet qui rend le rôle exécutoire, soit contre les votes ou délibérations autorisant l'établissement de la taxe (Conseil d'État, 7 septembre 1869, Lepage (*Lebon, chr.*, p. 843); 27 février 1880, Godard Bellois (*Lebon, chr.*, p. 214.)

Lorsque les rôles ont été rendus exécutoires, ils sont remis au trésorier-payeur général par le directeur des contributions directes pour l'arrondissement chef-lieu, et aux receveurs particuliers pour les autres arrondissements. Ces derniers les distribuent aux percepteurs qui dans chaque commune les présentent au maire. Celui-ci, sur l'ordre du préfet, doit en opérer la publication dont les formes et délais sont encore réglés par la loi du 4 messidor an VIII (art. 5). La publication consiste dans une affiche sur papier non timbré que le maire fait apposer à la porte principale de la maison commune et aux endroits accoutumés et qui avertit les citoyens que le rôle revêtu des formalités prescrites est entre les mains du percepteur, et que chaque contribuable doit acquitter la somme pour laquelle il est porté audit rôle, dans les délais fixés par la loi, sous peine d'y être contraint. La minute de l'affiche est signée par le maire, et il en est fait mention sur les registres de la mairie. Ce fonctionnaire doit certifier en outre sur le rôle même l'accomplissement de cette formalité.

L'article 14 de l'arrêté du 16 thermidor an VIII portait que la publication devait être faite le premier décadi qui suivrait la remise des rôles au percepteur. On en a conclu que depuis le rétablissement du calendrier grégorien, elle devrait être faite le premier dimanche, et cette interprétation fut confirmée dans deux circulaires des contributions directes des 31 août 1884 et 26 août 1874, ainsi que dans une circulaire de la comptabilité publique du 11 décembre 1875. Un arrêt du Conseil d'État du 30 juin 1876 s'est prononcé en sens contraire en décidant que la publication *ne doit pas avoir lieu* nécessairement un dimanche.

La loi du 25 mars 1817 (art. 71) a disposé qu'indépendamment de la publication générale des rôles, chaque contribuable recevrait individuellement un premier avertissement. L'instruction du 8 mars 1894 prévoit spécialement la rédaction de ces avertissements pour la taxe militaire, ils doivent indiquer le montant de la contribution de chaque redevable, les lois en vertu desquelles elle est établie, les bases d'imposition, les termes d'éligibilité, enfin les dispositions principales de l'article 35.

Les avertissements sont transmis aux percepteurs en même temps que les rôles, et remis par leurs soins

aux contribuables aussitôt après la publication, et
moyennant cinq centimes par article de rôle pour frais
d'impresion et de remise. Ces cinq centimes par article
de rôle ne se confondent pas avec les trois centimes
par franc pour frais de perception, et les cinq centimes
pour fonds de non-valeur prévus par le paragraphe 7
de l'article 35.

§ 4. — Rôles complémentaires.

Régulièrement, il ne devrait y avoir pour chaque na
ture de contributions qu'un seul rôle général comprenant
tous les contribuables d'une commune, d'après leur situation au premier janvier. Pratiquement on a été amené à
introduire, à côté de ces rôles primitifs et généraux, des
rôles confectionnés en cours d'année et comprenant des
contribuables ne figurant pas aux rôles primitifs.

Ces rôles auxiliaires sont de deux sortes et présentent
des caractères bien distincts.

Il y a d'abord les rôles supplémentaires qui existent,
notamment, en matière de patente et pour certaines taxes
assimilées, dans lesquels peuvent être compris non seulement les contribuables omis au rôle primitif dont les éléments d'imposition existaient au premier janvier, mais
encore ceux qui n'étaient pas imposables au premier janvier, et le sont devenus en cours d'année ; ou bien encore,
ceux dont les éléments d'imposition ont varié depuis cette
époque.

Il y a ensuite les rôles complémentaires, c'est-à-dire
ceux dans lesquels ne peuvent être compris que les contribuables imposables au premier janvier, mais omis dans
les rôles primitifs. Il serait donc absolument illégal de
faire figurer, sur ces rôles, des contribuables dont la

situation au premier janvier n'aurait pas permis l'imposition au rôle primitif. On voit qu'il y a une différence essentielle entre les rôles supplémentaires et les rôles complémentaires, ces derniers n'étant que la constatation rétroactive de la situation des contribuables au premier janvier de l'exercice. Au contraire, la faculté d'établir des rôles supplémentaires et d'y comprendre des contribuables qui n'étaient pas imposables au premier janvier peut être considérée comme exorbitante, et, à ce titre, n'est d'ailleurs reconnue à l'administration par la jurisprudence du Conseil d'État que si un texte formel la lui a attribuée. (Conseil d'État, 7 janvier 1859 ; Lacombe [Lebon, chr., p. 7], 16 avril 1856 ; Garnier, § 57, 2, 158 P. Adm. chr.)

Le décret du 24 février 1894 (art. 13) a prévu pour la taxe militaire l'établissement de rôles complémentaires pour les cotisations omises aux rôles primitifs.

Lorsque par suite de changements de résidence ou de circonstances exceptionnelles, la situation contributive d'un redevable ne pourra être suffisamment déterminée au 20 avril, c'est-à-dire au moment où l'état matrice doit être définitivement arrêté, on ne le fait pas figurer sur ce document, mais bien sur un rôle complémentaire rédigé d'après un état matrice d'ailleurs semblable à celui qui sert à la confection du rôle primitif.

Il ne devra y avoir qu'un seul rôle complémentaire annuel par commune, et l'émission antérieure au 20 décembre, aura lieu en une seule fois pour le département.

Afin d'assurer l'exécution de cette disposition, les contrôleurs doivent faire en sorte que les derniers états matrices des rôles complémentaires soient communiqués aux maires avant le 1er décembre ; de plus, ils adressent à cette date, au directeur, la liste des communes dans lesquelles il n'y a pas eu lieu d'établir de rôles complémentaires.

L'instruction de la Direction générale des contributions directes du 8 mars 1894, rappelle formellement que la formation des états matrices de rôles complémentaires est uniquement autorisée dans le but de permettre d'assujettir à la taxe, les redevables qui n'auraient pas été compris aux rôles primitifs; mais, qu'en aucune circonstance, il ne pourra être dressés des états matrices complémentaires pour les faits survenus depuis le premier janvier.

§ 5. — Quelles personnes doivent figurer au rôle et être constituées débitrices de la taxe.

Cette question est certainement une de celles qui a été le plus longuemnt discutée lors du vote par le Sénat de la loi du 15 juillet 1889.

Il semble bien, au premier abord, que la solution en soit très simple et qu'on doive porter au rôle le véritable débiteur de la taxe, c'est-à-dire l'assujetti. Mais un pareil système conduirait à des résultats sûrement négatifs au point de vue du rendement de l'impôt, car en raison de leur âge et de leur situation sociale, les assujettis ne présentent pas, dans la grande majorité des cas, les garanties de solvabilité nécessaires.

C'est ce qu'exprimait de la manière suivante le rapporteur de la Commission des finances au Sénat : « Si nous « demandons simplement la taxe aux assujettis, je « crois que nous n'obtiendrons rien, car ils ne pré- « sentent aucune surface à la poursuite ; il faut étendre « le recours de l'administration à la famille, pour avoir « une garantie efficace de recouvrement. »

Cette garantie, la Commission des finances prétendait

l'instituer par la disposition suivante, qu'elle fit insérer dans le projet de loi : « La taxe militaire est due par « l'assujetti ou, à son défaut, par les personnes tenues « envers lui de la dette alimentaire légale ».

Mais l'assimilation de la taxe à la dette alimentaire, vivement combattue, ne fut pas adoptée.

Ce système en effet outre qu'il eût été contraire à la conception juridique du caractère de la dette alimentaire qui n'est qu'une créance d'aliments, aurait conduit à des résultats assez souvent injustes et quelquefois bizarres : La dette alimentaire, aux termes des articles 205, 206 et 214 du Code civil, est due par le père, la mère, les ascendants de l'enfant ; et réciproquement par ce dernier à ses auteurs ; de telle manière que si l'on suppose un père encore assujetti à la taxe militaire, ce qui pouvait arriver alors que, sous l'empire de la loi de 1889, la taxe était payable pendant dix-neuf ans, le fils dans le système proposé aurait pu être tenu de payer pour son père insolvable.

De même l'article 214 étend la dette alimentaire aux époux, il en fait pour eux un devoir de réciprocité. La femme qui a obtenu la séparation de corps contre son mari, quelle que soit la gravité des fautes qu'elle ait eu à lui reprocher, reste obligée envers lui à la dette alimentaire ; la jurisprudence de la Cour de Cassation est formelle à ce sujet. Eh bien, dans le système de la Commission, la femme eût été obligée de payer la taxe militaire du mari contre qui elle avait obtenu la séparation. Ces conséquences n'étaient guère admissibles.

Même au point de vue du rendement de la taxe, l'assimilation proposée par la Commission n'eût donné souvent que des résultats négatifs.

Il convient effectivement de remarquer que les débiteurs éventuels de la dette alimentaire, ne la doivent pas toujours et dans toutes les situations. Le père n'est tenu de la dette alimentaire envers son fils que dans le cas où ce dernier est infirme et se trouve dans l'impossibilité d'assurer son existence par un travail personnel.

La tâche du père est accomplie lorsqu'il a achevé son œuvre éducatrice : il a le devoir d'élever, d'entretenir et d'instruire ses enfants, mais une fois que le fils a atteint l'âge d'homme, qu'il a acquis une indépendance complète, qu'il exerce un métier, une profession quelconque, il échappe à la tutelle paternelle et le père ne lui doit plus rien. Voici d'ailleurs l'interprétation qu'a faite la Jurisprudence de ces obligations de famille, notamment aux termes d'un arrêté de la Cour de cassation du 7 juillet 1863 : « Les père et mère ne doivent des aliments à « leurs enfants que lorsque ceux-ci sont dans l'impuis- « sance de pourvoir personnellement à leur subsistance. « Ainsi, l'enfant qui, après avoir reçu l'enseignement « nécessaire pour l'exercice d'une profession utile, se « refuse ou se soustrait au travail, et ne justifie d'aucun « effort sérieux pour se procurer des moyens d'existence, « n'est pas fondé à exiger de ses père et mère une pen- « sion alimentaire ».

Cela revient à dire que, dans tous les cas où le fils n'est pas frappé d'incapacité absolue de travail et où il peut pourvoir lui-même à son existence, le père ne lui doit pas d'aliments. Or, cette situation eût été précisément celle de la plupart des assujettis; leurs ascendants n'étant pas tenus de la dette alimentaire, il n'eût pas été possible de leur réclamer la taxe du chef de l'assimilation proposée.

Mais, tout en refusant d'assimiler la taxe à la dette alimentaire légale, le législateur estima qu'il était indispensable de fournir à l'administration le moyen de recouvrer le nouvel impôt autrement que sur l'assujetti. Quand on

est en présence d'un contribuable qui n'offre pas de ressources suffisantes pour le recouvrement, il faut bien
s'adresser à côté de lui à ceux qu'on peut le plus légitimement atteindre. Or, dans l'espèce, la famille peut dans
bien des cas bénéficier de la dispense accordée à l'assujetti ; elle était donc naturellement désignée pour être
rendue responsable de sa taxe.

Il existait d'ailleurs, à cet égard, des précédents dans
les législations étrangères. La loi Suisse rend les parents
responsables de l'impôt pour les mineurs et majeurs
demeurant avec eux. En Autriche, les parents payent la
taxe dans la mesure que la loi civile leur impose. En
Allemagne, le projet de loi sur la taxe militaire, présenté
plusieurs fois au Reischtag, porte que la taxe est due par
les parents pendant tout le temps où ils ont la charge et
l'entretien des dispensés.

Le fait d'édicter la responsabilité d'un tiers pour le
payement d'un impôt dont il n'est pas le véritable débiteur ne constitue pas d'ailleurs une nouveauté même dans
notre propre pays. Nos lois fiscales soumettent souvent à
l'action directe de l'État celui qui ne doit pas en définitive
supporter l'impôt.

Et d'abord en matière de contributions directes, et nous
sommes sur ce terrain puisque la taxe militaire est assimilée aux contributions directes, tout le monde sait que
le propriétaire est responsable de la cote personnelle-
mobilière de son locataire, lorsqu'il n'a pas rempli certaines formalités relatives à la déclaration du déménagement de ce locataire. Si même, il s'agit d'un locataire
logeant en garni, le propriétaire est responsable dans tous
les cas et nonobstant toute déclaration. Le percepteur
fera donc payer au propriétaire tout ou partie de la
cote mobilière de son locataire, sauf son recours contre ce
dernier.

Il en est ainsi pour les prestations ; le père de famille paye la prestation due par son fils, bien que la prestation soit un impôt absolument personnel et individuel.

Le même principe est appliqué en matière de taxe de mutation, on trouve dans les lois qui s'y rapportent des chapitres distincts visant ceux qui sont débiteurs de l'impôt, et ceux qui doivent en faire l'avance au Trésor.

C'est ainsi que le législateur a donné au fisc la faculté de faire payer la totalité des droits de succession à l'un quelconque des héritiers ; alors, qu'en matière civile les dettes de la succession sont personnelles aux héritiers et que chacun d'eux n'en doit que sa part ; or, les droits de succession font partie du passif héréditaire, on devrait évidemment, si l'on s'en tenait aux termes de la loi civile, s'adresser à chacun des héritiers séparément. Cela serait conforme au principe civil de la division des dettes entre les héritiers. Mais nous n'aurions pas de législation fiscale, si on n'y insérait pas des dispositions particulières qui autorisent le Trésor à agir extraordinairement, en vertu d'une sorte de raison d'État résultant de la nécessité impérieuse d'assurer le recouvrement de l'argent sur lequel repose toute l'organisation des services publics. Il faut renoncer aux impôts ou il faut donner à l'administration les moyens de les percevoir.

En matière de vente, qui doit supporter la taxe de mutation ? C'est incontestablement l'acquéreur. Cependant la loi la fait payer au vendeur, quand l'acheteur ne s'acquitte pas ; pourquoi ? Parce qu'il y a là une sorte de solidarité qui tient à la nécessité d'opérer le recouvrement et de l'obtenir du vendeur à défaut de l'acquéreur.

Ces exemples montrent que le fait d'avoir rendu les parents responsables de la taxe militaire de leur fils, ne constitue pas une nouveauté fiscale. On n'a fait, en somme, que suivre sur ce point des règles déjà admises en matière d'impôt dans notre propre législation, et dans certaines législations étrangères à propos même du sujet qui nous occupe.

Après avoir examiné les motifs qui ont amené le législateur à édicter la responsabilité pécuniaire des ascendants, il y a lieu de déterminer les cas dans lesquels elle existe et où c'est l'ascendant qui doit être nominativement imposé, et ceux où l'assujetti lui-même doit être constitué débiteur par son inscription au rôle.

Aux termes du paragraphe 6 du nouvel article 35, la taxe est imposée au nom de celui des ascendants, dont la cotisation a été prise pour élément de calcul de la taxe, conformément aux règles que nous avons étudiées, c'est-à-dire au nom de l'ascendant qui est le plus imposé à la cote personnelle-mobilière. Nous verrons plus loin, au chapitre du recouvrement, que la taxe ainsi imposée au nom des ascendants est recouvrée sur eux sauf leur recours contre l'assujetti.

Voilà donc le principe. — La taxe est imposée au nom de l'ascendant qui en est constitué débiteur principal ; mais, il y a des exceptions dans un certain nombre de cas limitativement déterminés, la taxe est directement imposée au nom de l'assujetti (§ 6, alinéa 2, art. 35) :

1° Lorsque ce dernier n'a plus ses ascendants du premier degré ;

2° Lorsqu'ils sont décédés, indigents ou sans domicile connu en France.

La loi de 1889 prévoyait encore un autre cas d'imposition personnelle de l'assujetti ; celui où il réunissait la double condition d'avoir atteint l'âge de trente ans révolus et d'avoir un domicile distinct de celui de ses parents. Cette hypothèse a naturellement disparu avec la loi nouvelle, qui restreint le payement de la taxe à la période triennale qui suit la décision du Conseil de revision.

Ces exceptions sont très naturelles et indiquées par la nature même des choses ; si les parents sont décédés, il va de soi qu'il est impossible de les imposer. En cas d'indigence ou si leur domicile est inconnu, leur imposition n'eût fait que compliquer inutilement les poursuites sans rien ajouter à la garantie du Trésor. Quant aux raisons qui, sous le régime de l'ancienne loi, avaient fait abandonner l'imposition de l'ascendant, lorsque l'assujetti réunissait cette double condition d'avoir trente ans révolus et un domicile distinct, elles se justifiaient aussi très facilement par cette considération qu'il était équitable de ne pas étendre, outre mesure, une responsabilité contraire en somme au principe de la personnalité des dettes.

Dans les différents cas d'imposition personnelle de l'assujetti prévus par le législateur, il se trouve qu'en fait l'ascendant n'est pas imposé à la taxe personnelle-mobilière, mais faudrait-il en conclure que dans tous les cas de non-imposition de l'ascendant à cette taxe, il y aurait lieu d'imposer l'assujetti personnellement, en un mot pourrait-on, embrassant dans une formule générale tous les cas d'imposition personnelle de l'assujetti, dire que la taxe devra être imposée à son nom toutes les fois qu'elle n'aura pas été calculée sur la cote personnelle-mobilière de l'ascendant. Nous ne le pensons pas, car cette formule trop compréhensive embrasserait même le cas où l'ascendant du premier degré, sans être indigent, ne figurerait pas pour une cause quelconque au rôle personnel-mobilier ; nous croyons, au contraire, que dans cette hypothèse l'ascendant serait quand même imposable.

Cette solution semble bien résulter de l'esprit de la loi qui a voulu que, dans la mesure du possible, il y eût à côté de l'assujetti un garant responsable du payement de la taxe. Cela résulte aussi de son texte, car en cas d'omission de l'ascendant au rôle personnel-mobilier, on ne se trouve dans aucune des hypothèses formellement prévues par le paragraphe 6, alinéa 2, et dans lesquelles la taxe doit être inscrite au nom de l'assujetti.

Cette solution toutefois ne va pas sans difficultés, à cause de ce même paragraphe 6, alinéa 1er, aux termes duquel la taxe doit être imposée au nom de celui des ascendants dont la cotisation a été prise comme élément de calcul de la taxe ; d'où on pourrait tirer cette conséquence par un argument *a contrario*, que cette imposition de l'ascendant est subordonnée, d'une manière absolue, à la condition que sa cote ait été prise pour base de la taxe, et que cette dernière, pour être imposée au nom de l'ascendant, doit obligatoirement avoir été calculée sur sa cote personnelle-mobilière.

Mais ce serait là tirer une conséquence trop générale d'une règle qui a été édictée pour la solution d'un cas spécial : celui où l'assujetti ayant ses deux ascendants du premier degré, tous deux imposés à la taxe personnelle-mobilière, il fallait déterminer suivant quelles règles ces deux ascendants seraient imposés. Or, la loi a simplement dit pour cette hypothèse spéciale, que ce serait celui des deux dont la cote aurait servi de base au calcul de la taxe ; mais sans vouloir décider d'une manière plus générale que la condition *sine qua non* de l'imposition de l'ascendant, serait toujours et dans tous les cas que lui-même fût imposé à la taxe personnelle-mobilière et que sa cote eût servi de base au calcul de la taxe militaire.

Si telle eût été l'intention du législateur, au lieu de prévoir limitativement certains cas déterminés, il eût posé cette règle générale que l'assujetti serait personnellement imposable toutes les fois que pour un motif quelconque la taxe n'aurait pu être calculée sur la cote per-personnelle-mobilière de l'ascendant. Or, il s'est borné à prévoir simplement des hypothèses spéciales dans lesquelles il se trouve qu'en fait la taxe personnelle-mobilière de l'ascendant n'a pas servi à calculer la taxe de l'assujetti, mais cette énumération est limitative et n'autorise pas à conclure par voie d'analogie qu'il doive en être de même dans tous les cas. On doit donc, à notre avis, décider qu'en dehors des cas limitativement prévus par la loi, la taxe doit être imposée au nom de l'ascendant, alors même que sa cote n'aura pas servi de base au calcul de la taxe militaire. Si donc un assujetti a encore son ascendant du premier degré non indigent, bien que celui-ci ne soit pas imposé à la taxe personnelle-mobilière par suite d'omission lors de la confection des rôles, ou pour tout autre motif, il devra être imposé personnellement à la taxe militaire, qui sera recouvrée sur lui et non pas sur l'assujetti.

RECOUVREMENT

Après avoir étudié les règles relatives à l'assiette de
la taxe militaire, c'est-à-dire à la détermination des personnes qui doivent être imposées et à la quotité des
sommes à leur réclamer d'après les éléments d'imposition
propres à chacune d'elles ; nous aborderons maintenant la
partie de cette étude relative à la manière dont fonctionne
le service chargé d'encaisser pour le compte du Trésor
le produit de l'impôt dont les agents de l'assiette ont
déterminé le montant, suivant les principes que nous
avons examinés.

Dans cette partie de notre étude, comme il s'agira de
régles, en général, communes à toutes les contributions
directes, et dont le développement ne présente pas un
intérêt spécial à notre sujet, nous n'insisterons guère que
sur les points intéressants, soit parce qu'ils subissent certaines difficultés d'interprétation, soit parce qu'ils sont
spéciaux à la taxe militaire.

Aux termes de l'article 35, paragraphe 6, 4e alinéa :
« La taxe militaire est recouvrée, et les réclamations
« sont instruites et jugées comme en matière de contri-
« butions directes ».

Dans deux sections distinctes, nous étudierons d'abord
les règles relatives aux opérations du recouvrement, puis
très succinctement celles qui concernent les réclamations.

SECTION I

PERCEPTION

CHAPITRE PREMIER

Les percepteurs ont seuls titre pour effectuer le recouvrement de la taxe militaire sous la surveillance et l'autorité d'un receveur particulier des finances par arrondissement, et d'un trésorier-payeur général par département, qui centralise dans sa caisse le produit de tous les impôts directs perçus dans son ressort.

Le titre exécutoire indispensable aux percepteurs pour effectuer leurs recouvrements, est le rôle rendu exécutoire par le préfet, et publié dans chaque commune, suivant les formes que nous avons examinées plus haut (Règlement 1839, art. 9). L'irrégularité du rôle entraînant la nullité des poursuites, les percepteurs doivent vérifier notamment si le rôle est bien revêtu de la formule exécutoire.

La remise par les percepteurs aux contribuables, d'avertissements dressés par le Directeur des contributions directes doit suivre immédiatement la publication des rôles. (Règlement 1839, art. 10; ordonnance du 19 novembre 1817). Nous avons vu quelle était l'utilité de l'avertissement et la nature des renseignements qu'il devait présenter pour le contribuable.

CHAPITRE II

SUR QUELLES PERSONNES PEUT S'OPÉRER LE RECOUVREMENT

A. — Ascendant et assujetti.

Contre quelles personnes, et de quelle manière doivent être dirigées les poursuites? La législation a beaucoup varié à cet égard, et trois systèmes ont été successivement employés. Celui de la loi de 1889, celui de la loi du 26 juillet 1893, et enfin le système actuel de la loi du 13 avril 1898.

L'article 35 de la loi du 15 juillet 1889 prévoyait l'imposition sous un même article de rôle, de deux débiteurs et prescrivait de recouvrer la taxe sur l'assujetti et son ascendant. L'assujetti venait en première ligne, c'est à lui qu'on devait s'adresser d'abord. A défaut de payement constaté par une sommation, restée sans effet, la taxe était acquittée par l'ascendant.

Dans la pratique, la sommation adressée à l'assujetti, restait presque toujours sans effet, par suite de son insolvabilité ou de sa négligence, et venait compliquer inutilement les poursuites, sans aucun profit pour le recouvrement.

C'est pourquoi la loi du 26 juillet 1893 (art. 16), décida que le Trésor n'aurait plus désormais qu'un seul débiteur, celui que le rôle désigne nominalement comme imposable, c'est-à-dire tantôt l'ascendant, lorsque sa cote mobilière a servi de base au calcul de la taxe, tantôt l'assujetti dans le cas contraire.

Le système actuel de la loi du 13 avril 1898 est un moyen terme entre les deux autres. « La taxe imposée au nom des « ascendants est recouvrée sur eux, sauf leur recours contre « l'assujetti. Le recouvrement de la taxe peut être poursuivi « contre ce dernier, lorsqu'une sommation avec frais, « adressée à l'ascendant, est restée sans effet (art. 35, § 6). »

Désormais, le Trésor a donc deux débiteurs distincts, l'ascendant et l'assujetti, qui peuvent être poursuivis l'un et l'autre, en vertu du rôle, c'est donc un retour au système de la loi de 1889, avec cette différence que c'est l'ascendant et non plus l'assujetti qui doit être poursuivi tout d'abord, et que le percepteur demeure juge de l'opportunité des poursuites à exercer subsidiairement contre l'assujetti, ou peut, à son gré, contraindre au payement celui que le rôle constitue débiteur en première ligne, c'est-à-dire l'ascendant. Cette nouvelle procédure de poursuite et la latitude laissée à cet égard aux comptables, paraît devoir donner les meilleurs résultats. Il était logique qu'on s'adressât d'abord, en principe, à l'ascendant qui présente presque toujours plus de garanties pécuniaires que l'assujetti. C'est la règle générale, mais elle peut comporter des exceptions ; et tel assujetti, en raison de sa fortune personnelle ou des revenus qu'il tire d'une profession lucrative, peut être parfaitement en état d'acquitter la taxe de ses deniers personnels, alors que la situation de son ascendant responsable peut être très précaire et ne lui permette pas de faire l'avance pour le compte de son fils. En pareil cas, le comptable instruit de cette situation,

usera de la faculté conférée par la loi, et passera de la
sommation restée sans effet contre l'ascendant, aux poursuites directes envers l'assujetti.

Cette manière de procéder, outre qu'elle est avantageuse
pour le Trésor, qui a intérêt à s'adresser de préférence
au plus solvable de ses débiteurs, donne également satisfaction au principe civil de la personnalité des dettes, en
permettant au percepteur de demander le payement au
véritable débiteur de la taxe. Il ne faut pas, effectivement,
oublier que la responsabilité pécuniaire de l'ascendant,
obligé d'acquitter personnellement la taxe de son fils, est
absolument contraire à ce principe, et ne saurait se justifier que par la nécessité fiscale et l'intérêt supérieur du
recouvrement. Dès lors donc que cet intérêt n'est plus en
jeu, puisque, par hypothèse, le Trésor a devant lui un débiteur solvable, il était naturel de revenir au principe
civil de la personnalité de la dette et de demander le
payement de la taxe à celui qui la devait réellement.

En somme, la situation respective de l'ascendant et de
l'assujetti, tant au point de vue de leur créancier commun
le Trésor, que des liens de droit existant entre eux, est à
peu près celle d'une caution solidaire et d'un débiteur
principal.

L'ascendant est une sorte de caution solidaire légale
(art. 2040 Code civil), bien que sa situation diffère d'une
véritable caution solidaire en ce que le Trésor créancier,
au lieu de demeurer absolument libre de s'adresser soit à
la caution soit au débiteur principal, comme en matière
civile, est obligé d'adresser d'abord à l'ascendant, c'est-à-
dire à la caution, une sommation avec frais, et ne peut se
retourner contre l'assujetti, débiteur principal, que si cette
sommation demeure sans effet. Sauf cette différence, les
relations de l'ascendant et de l'assujetti se règlent bien
d'après les principes applicables au débiteur principal et à

la caution solidaire : l'ascendant ayant son recours contre l'assujetti, débiteur principal, qui doit supporter définitivement la dette. L'étendue de ce recours doit d'ailleurs, semble-t-il, se déterminer conformément aux dispositions de l'article 2028 du Code civil, c'est-à-dire qu'il comprendra non seulement le principal de la taxe, mais encore les intérêts des sommes déboursées et les frais faits contre l'ascendant alors qu'il aura dénoncé à l'assujetti les poursuites dirigées contre lui.

De même, quand existait la pénalité du doublement de la taxe, en cas de retard du payement de trois douzièmes consécutifs, pénalité supprimée par la loi du 26 juillet 1893, l'ascendant responsable aurait pu réclamer le remboursement de l'intégralité de l'avance qu'il aurait dû faire.

Bien entendu, l'ascendant, caution solidaire, ne jouit pas du bénéfice de discussion accordé à la caution ordinaire (art. 2021, Code civil) et ne peut obliger le Trésor sur les premières poursuites dirigées contre lui à saisir et à vendre l'assujetti avant de continuer à le poursuivre lui-même. C'est une simple faculté et non pas une obligation pour le comptable de poursuivre le recouvrement contre l'assujetti quand une sommation avec frais adressée à l'ascendant n'a pas produit de résultat.

Remarquons qu'en sa qualité de caution solidaire, l'ascendant après avoir payé, aurait pu, même en l'absence du recours qui lui est formellement réservé par la loi contre l'assujetti, invoquer le bénéfice de la subrogation légale prévu par l'article 1250, alinéa 3 du Code civil. Aux termes de cet article, la subrogation dans les droits du créancier contre le débiteur a lieu de plein droit au profit de celui qui étant tenu de la même dette avait intérêt à l'acquitter.

C'est exactement le cas de l'ascendant qui a payé la dette de l'assujetti. Et comme la subrogation légale a pour

effet d'investir le subrogé de la créance du subrogeant et
de ses accessoires, l'ascendant pourra notamment invoquer le privilège qui garantit l'action du Trésor et se
faire payer par préférence aux autres créanciers de l'assujetti, comme le Trésor l'aurait été lui-même.

Continuant à appliquer aux relations de l'ascendant et
de l'assujetti les règles relatives au débiteur principal et à
la caution solidaire, il faut décider que, dans certains cas,
l'ascendant n'aura pas de recours contre l'assujetti pour
se faire rembourser ce qu'il aura payé en son acquit;
c'est ce qui arriverait, par exemple :

1° Lorsque l'ascendant n'ayant pas averti le débiteur principal du payement effectué, ce dernier payerait lui-même
une seconde fois dans l'ignorance du premier payement.
Cette hypothèse ne présente d'ailleurs qu'un intérêt pratique très secondaire, car il arrivera bien rarement qu'un
percepteur reçoive de l'assujetti le payement d'une taxe
déjà soldée par l'ascendant. Quoi qu'il en soit, en pareil
cas, l'ascendant n'aurait aucun recours contre l'assujetti
et devrait se borner à faire valoir son action en remboursement contre le percepteur.

2° Une autre hypothèse, susceptible de se présenter plus
fréquemment dans la pratique, est celle que prévoit l'article 2031, paragraphe 2 du Code civil, dans les termes
suivants : « Lorsque la caution aura payé sans être pour-
« suivie et sans avoir averti le débiteur principal, elle
« n'aura point de recours contre lui dans le cas où au
« moment du payement ce débiteur aurait eu des moyens
« pour faire déclarer la dette éteinte, sauf son action en
« répétition contre le créancier ».

Précisons par un exemple le cas d'application de ce
texte aux relations de l'assujetti avec son ascendant. Soit
une taxe militaire indûment imposée au nom d'un ascendant, et du chef d'un assujetti qui n'en était pas légale-

ment passible pour un motif quelconque ; l'ascendant, sur le simple avertissement et sans poursuites préalables paye la taxe sans en avertir l'assujetti. Ce dernier repoussera l'action en remboursement de son ascendant en prouvant : 1° qu'au moment du payement de la taxe, ce dernier n'était pas poursuivi ; 2° que le payement a été fait à son insu ; 3° qu'à ce moment, il aurait pu faire déclarer la dette éteinte, c'est-à-dire obtenir la décharge du Conseil de préfecture.

L'ascendant qui voudra, dans tous les cas, conserver son recours contre l'assujetti aura donc le plus grand intérêt à ne payer que sur poursuites, et par poursuites il faut entendre au moins la sommation avec frais et à dénoncer le payement à l'assujetti. Autrement il serait d'autant plus exposé à perdre le montant de son avance, que son recours contre l'assujetti étant inefficace, il n'aurait pas l'action en répétition réservée à la caution civile ordinaire contre le créancier. Sa seule ressource serait de demander personnellement la décharge de la taxe au Conseil de Préfecture et d'en obtenir par voie de conséquence, le remboursement (Décret du 24 mai 1898, art. 20) ; mais la faculté de présenter valablement des réclamations de l'espèce se prescrivant par l'expiration d'un délai de trois mois après la publication du rôle, il arriverait pratiquement presque toujours que l'ascendant ne serait plus dans les délais.

Il est vrai qu'en pareil cas, l'assujetti conserverait le droit de réclamer valablement contre la taxe indûment imposée, puisque, pour lui, le délai de déchéance ne court qu'à partir du jour où il a été mis en demeure de la rembourser (Décret du 24 mai 1898, art. 20). Mais étant données les difficultés déjà survenues entre l'assujetti et son ascendant, il est permis de supposer que l'assujetti refuserait d'exercer un droit qui ne doit profiter qu'à son

ascendant. Or, on ne voit pas que celui-ci ait un moyen
quelconque, soit de l'y contraindre, soit de l'exercer à
sa place en vertu de l'article 1166 du Code civil. Il faudrait
pour cela qu'il fût créancier de l'assujetti, et il ne l'est
plus, puisque par hypothèse il a perdu l'action en remboursement qu'il avait contre lui.

On a vu que, dans certains cas, l'ascendant perdrait son
recours contre l'assujetti ; inversement, il pourrait arriver
qu'il pût exercer son action, même avant d'avoir acquitté la
taxe ; par exemple sur les poursuites dirigées contre lui
personnellement, ou bien encore si l'assujetti venait à
tomber en faillite ou en déconfiture. En pareil cas, si le
Trésor ne produisait pas, l'ascendant aurait intérêt à le
faire pour ne pas perdre le bénéfice de l'action en remboursement qui lui est réservée. Il ne toucherait d'ailleurs
le montant de sa collocation qu'après avoir justifié du
payement de la taxe au créancier, c'est-à-dire en l'espèce
au Trésor.

L'action en remboursement réservée à l'ascendant qui
a payé la taxe militaire de l'assujetti, passe naturellement
comme toutes les autres à ses héritiers, et l'assujetti venant
à la succession de l'ascendant devrait faire rapport à la
masse des sommes dont il serait débiteur du chef des
payements effectués en son acquit par l'ascendant, conformément aux règles établies par le Code civil (art. 829
et 851).

B. — Héritiers légataires.

En principe, c'est au contribuable porté au rôle (ascendant ou assujetti) à acquitter l'impôt, mais il y a des cas
nombreux où il peut et doit l'être par d'autres que l'individu imposé, notamment par les héritiers ou légataires du

contribuable. C'est l'application du principe que l'héritier succède aux droits et aux obligations du défunt.

Lorsqu'un contribuable viendra à décéder en cours d'année, ses héritiers seront tenus d'acquitter le montant de la taxe militaire (Loi du 21 avril 1832, art. 21. Décret du 24 mai 1898, art. 15); cela alors même que le décès serait antérieur à la publication du rôle, pourvu qu'il fût postérieur au 1er janvier de l'année de l'imposition; car, ainsi que nous l'avons vu, c'est d'après les éléments existant au 1er janvier, que l'impôt doit être établi.

La loi du 21 avril 1832 ne détermine pas quelle est l'étendue de la responsabilité respective des héritiers quand il y en a plusieurs; ce point a été réglé par l'article 4 du règlement sur les poursuites du 21 décembre 1839, ainsi conçu : « Les héritiers ou légataires peuvent être pour-« suivis solidairement, et un pour tous, à raison des con-« tributions de ceux dont ils ont hérité, ou auxquels ils « ont succédé, tant que la mutation n'a pas été opérée sur « le rôle ». D'après cet article, l'action du Trésor peut donc être exercée contre chaque héritier indistinctement pour la totalité de la somme exigible; en un mot, les héri-tiers sont solidaires.

Mais il convient de remarquer, d'une part, que l'ar-ticle 873 du Code civil déclare que chaque héritier n'est tenu personnellement des dettes de la succession que pour sa part et portion; et d'autre part, qu'aux termes de l'ar-ticle 1202 la solidarité ne se présume pas, et qu'elle doit résulter d'une stipulation expresse ou d'une disposition formelle de la loi.

Il y a là contradiction flagrante entre le Droit civil et le Règlement, auquel ni la Cour de Cassation, ni le Conseil d'État ne reconnaissent d'ailleurs force de loi.

Dans ces conditions, la solidarité personnelle des héri-tiers peut et doit, à notre avis, être sérieusement contestée, puisqu'elle est en opposition manifeste avec les principes de la loi civile, et qu'elle ne s'appuie sur aucun texte ayant l'autorité légale nécessaire.

D'ailleurs, l'administration elle-même ne semble pas très fixée sur l'étendue de ses droits en la matière, ni insister beaucoup pour maintenir le principe de la solidarité personnelle entre héritiers. Voici, en effet, la note dont elle fait suivre l'article 4 du règlement : « La solidarité dont « parle l'article doit être entendue en ce sens que même « après le partage de la succession, le privilège du Trésor « suit, en vertu de la loi du 12 novembre 1808, les meubles, « fruits et récoltes dans les mains des héritiers ou léga- « taires à qui ils ont été attribués; d'où il résulte que « le percepteur a le droit de les faire saisir jusqu'à con- « currence de la contribution privilégiée sur tout héritier « et légataire, moins comme débiteur solidaire que comme « détenteur ».

Cette note est, tout bien considéré, la négation même de l'article 4. Le principe de la solidarité personnelle des héritiers est implicitement abandonné, et l'on retient seulement la possibilité d'exercer contre chacun d'eux indistinctement, l'action réelle à raison des biens héréditaires qu'il détiendrait, et jusqu'à concurrence de la valeur de ces biens; alors même que cette valeur excéderait la quotité d'impôt correspondante à la part virile de l'héritier dans la succession; part qui donne la mesure de son obligation personnelle.

En dernière analyse, le système de l'administration auquel s'arrête Durieu, *Commentaires sur les poursuites en matière de contributions directes*, est le suivant : La solidarité établie par l'article 4 du règlement est abandonnée : Le Trésor pour le recouvrement des contributions dues peut exercer ses droits sur les biens particuliers de la succession et sur les biens personnels de l'héritier. L'un

de ces modes n'exclut pas l'autre, mais les effets en sont
différents. L'héritier qui s'est mis en possession des biens
de la succession est à l'égard du Trésor soumis à la fois
à une action réelle, à cause du privilège de la contribution
sur les biens provenant du contribuable décédé, et à une
autre action personnelle à cause de sa qualité d'héritier et
par le seul fait de l'acceptation de la succession. Mais dans
le premier cas, il n'est tenu au payement de la contribution
qu'autant que la cote réclamée est privilégiée sur les biens
qu'il a pris dans la succession, et seulement jusqu'à concurrence de la valeur desdits biens. Dans le second cas, il
est tenu sur la généralité de ses biens personnels, non pas
solidairement mais seulement pour sa part et portion héréditaire. Il en résulte que si le percepteur ne peut pas, au
cas d'insuffisance provenant des biens de la succession,
exiger de chaque héritier plus que sa part individuelle,
l'héritier de son côté ne pourrait refuser sous aucun prétexte de payer cette portion. L'action personnelle et l'action réelle sont donc susceptibles d'être suivies concurremment ou séparément, soit à l'égard de tous les héritiers, soit à l'égard d'un seul, suivant que l'exige l'intérêt
du recouvrement. Ce système bien que moins extensif des
droits du Trésor que celui de l'article 4 du règlement de
1839. puisqu'il abandonne la solidarité personnelle entre
les héritiers, ne nous semble pas admissible et conforme
aux véritables principes de la matière rigoureusement
interprétés.

Il se fonde en effet sur l'existence, au profit du Tréso·,
d'un véritable droit de suite que lui conférerait son privilège sur les meubles et effets mobiliers du contribuable,
et en vertu duquel il pourrait les suivre et les faire vendre,
alors même qu'ils seraient entrés dans le patrimoine d'un
tiers, c'est-à-dire en l'espèce, dans celui de l'héritier ou
du légataire qui sont absolument distincts en droit et en

fait de celui du défunt, quand le partage est effectué et que l'héritier ou le légataire sont en possession du lot qui leur a été attribué.

Or, il paraît impossible d'admettre l'existence de ce droit de suite au profit du Trésor. L'article 2.119 du Code civil n'admet pas le droit de suite sur les meubles, et pour qu'il pût exister au profit du Trésor à l'encontre de la loi civile, il faudrait une disposition spéciale qu'on ne trouve dans aucun texte relatif au privilège du Trésor. Il est vrai que la loi du 12 novembre 1808, article 1er, paragraphe 2, dispose que le privilège du Trésor s'exerce sur tous les meubles..... appartenant au redevable, en quelque lieu qu'ils se trouvent. C'est la seule disposition sur laquelle on pourrait, à la rigueur, s'appuyer pour soutenir que le privilège du Trésor lui confère un véritable droit de suite sur les meubles qui y sont soumis, puisqu'elle lui permet de les saisir et de les faire vendre en quelque lieu qu'ils se trouvent. Mais il suffit pour circonscrire la véritable portée de cette disposition d'examiner avec attention la disposition textuelle de la loi. On peut remarquer en effet que ce n'est qu'en parlant du privilège de la contribution personnelle-mobilière que la loi du 12 novembre 1808 et le règlement sur les poursuites, disent que le privilège s'exerce sur les effets mobiliers du contribuable, en quelque lieu qu'ils se trouvent. Pareille disposition n'existe pas en ce qui concerne la contribution foncière, et cette différence sert à faire comprendre l'intention du législateur. En effet, comme la contribution foncière n'est privilégiée que sur les fruits et revenus de l'immeuble imposé, et qu'on ne serait pas admis à l'exercer sur les revenus d'un autre immeuble ; on aurait pu croire qu'il devait en être de même des autres contributions directes, et que le privilège n'affectait que les meubles qui se trouvaient dans l'appartement sur la valeur locative duquel la cote avait été établie. Or, c'eût été là une erreur grave, contraire au principe même de l'impôt et que la disposition de la loi a voulu prévenir. La contribution personnelle-mobilière, des portes et fenêtres et des patentes, bien qu'elle ait particulièrement pour base d'évaluation certaines facultés apparentes du contribuable, a cependant pour but d'atteindre l'ensemble de ses propriétés mobilières, et c'est une conséquence de ce principe que ces propriétés soient toutes et indifféremment affectées au privilège du Trésor. Ainsi ce privilège s'exercera non seulement sur les meubles qui se trouvent dans la maison où a été imposé le contribuable, non seulement dans la commune ou dans l'arrondissement de perception, mais dans tous les lieux où il possède des valeurs mobilières, soit en propre soit par indivis avec d'autres, soit détenus par le contribuable personnellement, soit détenus par des tiers; mais c'est là tout ce qu'a voulu dire le législateur en décidant que le privilège porterait sur les meubles en quelque lieu qu'ils se trouvent, il n'a pas été plus loin, et n'a pu décider que le privilège s'exercerait sur les meubles du contribuable lorsqu'ils seraient sortis de son patrimoine pour entrer dans un autre patrimoine. Encore une fois une pareille interprétation exorbitante de droit commun aboutirait à la reconnaissance d'un véritable droit de suite qui ne saurait exister qu'en vertu d'un texte formel.

En résumé, il faut repousser la solidarité personnelle entre les héritiers pour le payement de la taxe militaire du défunt, solidarité reconnue par l'article 4 du règlement de 1839; nous n'admettons pas davantage l'existence au profit du Trésor, d'un droit de suite, permettant de poursuivre indistinctement dans tous les cas, le payement de la taxe sur chaque héritier, jusqu'à concurrence de la valeur des biens mobiliers recueillis par lui dans la succession : lorsque le partage en est consommé entre les divers ayants droit.

En résumé, voici quels doivent être au point de vue strictement légal les droits du Trésor, quand il s'agit de recouvrer la taxe d'un contribuable décédé (ascendant ou assujetti).

Il n'y a pas de solidarité personnelle entre les héritiers qui ne sont tenus personnellement que pour leur part et portion, c'est-à-dire proportionnellement à l'importance de leurs droits successifs (art. 875, Code civil).

Il n'est pas possible d'invoquer comme conséquence du privilège du Trésor un véritable droit de suite permettant indirectement de faire payer à un héritier plus qu'il ne serait possible de lui demander par l'action personnelle dont il est tenu.

Faisons maintenant l'application de ces principes aux différents cas qui peuvent se présenter :

Et d'abord, tant que les meubles sont encore dans l'indivision, qu'ils n'ont pas été attribués aux héritiers ou légataires, il n'y a pas de difficultés sérieuses, le percepteur fera au besoin opposition au partage et se fera payer par privilège sur l'ensemble du mobilier de la succession ; en pareil cas, on peut valablement soutenir que le patrimoine du défunt est encore distinct de celui des héritiers, que les meubles sont encore dans ce patrimoine, et il n'est pas nécessaire d'invoquer l'existence d'un droit de suite pour exercer le privilège. En vain, dirait-on que le décès du contribuable a eu pour effet de le dessaisir immédiatement de la propriété de ses biens, et d'en investir les héritiers, que, dès lors, ces biens ayant cessé légalement de lui appartenir, ne peuvent plus être soumis au privilège du Trésor, puisque la loi de 1808 ne donne à celui-ci le droit de saisir partout où ils se trouvent que les meubles appartenant au contribuable. Cette objection ne semble pas de nature à faire échec au privilège du Trésor. Sans doute, pour que la propriété des biens ne reste jamais un seul moment incertaine, le législateur a investi les héritiers à l'heure même du décès de leur auteur, mais ce principe n'est pas tellement absolu, la fiction n'a pas tellement pris la place de la réalité, que la loi elle-même ne distingue formellement dans plusieurs circonstances les biens du défunt de ceux des héritiers ; cette distinction a lieu toutes les fois qu'elle est requise dans l'intérêt soit des créanciers du décédé, soit des héritiers eux-mêmes. La séparation des patrimoines et le bénéfice d'inventaire en sont des exemples (art. 878 et 774, Code civil).

Donc, avant tout partage, et pendant qu'ils sont encore dans l'indivision, le Trésor aura le droit de se faire payer par privilège sur l'ensemble de l'actif mobilier de la succession.

Mais supposons que le partage étant effectué, l'actif mobilier ait été définitivement réparti entre les divers ayants droit, héritiers et légataires. Dans ce cas le privilège du Trésor est éteint, car il ne comporte pas de droit de suite, ainsi que nous l'avons démontré, et ne permet pas de poursuivre ce qui est définitivement sorti en fait et en droit du patrimoine du contribuable.

Donc, après le partage, le Trésor n'aura plus aucun droit réel contre les objets mobiliers de la succession passés dans le patrimoine d'un héritier ou d'un légataire, et ne pourra plus réclamer à chacun d'eux, par une action personnelle, qu'une quote-part de la taxe, proportionnelle à ses droits successifs.

S'il s'agissait d'un légataire à titre particulier, le Trésor n'aurait plus aucune action, puisque les légataires particuliers ne sont pas tenus personnellement des dettes de la succession (art. 1024, Code civil).

C. — Tiers détenteurs et débiteurs de deniers appartenant aux contribuables.

Tous receveurs, agents, économes, notaires, commissaires-priseurs et autres dépositaires et débiteurs de deniers provenant du chef des redevables et affectés au privilège du Trésor seront tenus, sur la demande qui leur en est faite par le percepteur, de payer, en l'acquit des contribuables sur le montant et jusqu'à concurrence des fonds qu'ils doivent ou qui sont en leurs mains, les contributions dues par ces derniers.

Les commissaires priseurs séquestres, et autres dépositaires sont même autorisés à payer d'office les contributions dues avant de procéder à la délivrance des deniers. Les quittances des percepteurs (pour les sommes légitimement payées) leur sont allouées en compte (art. 14, Règlement du 24 décembre 1839).

Ces dispositions sont la reproduction de l'article 2 de la loi du 12 novembre 1808, et de celle des 5-18 août 1791 ; elles ont leur origine dans un édit de mai 1749 relatif aux vingtièmes.

Sans entrer dans l'étude complète de ces dispositions, ce qui sortirait de notre cadre, il est intéressant de préciser l'étendue des droits qu'elles confèrent aux agents du recouvrement, et les obligations corrélatives qui en découlent pour les tiers détenteurs et débiteurs.

En général, lorsque des sommes ou des objets mobiliers appartenant à un débiteur sont entre les mains d'un tiers, le créancier ne peut s'en faire mettre en possession qu'en suivant les formalités de procédure relatives à la saisie-arrêt, ou opposition qui est une véritable instance judiciaire par laquelle le créancier saisissant doit faire décider par le Tribunal que le tiers saisi versera entre ses mains les sommes dont il est détenteur du chef du débiteur saisi.

Les textes ci-dessus consacrent au profit du Trésor, pourvu qu'il soit privilégié sur les sommes détenues par les tiers, le droit d'agir directement contre eux pour obtenir la délivrance des deniers, sans être obligé de recourir aux formalités de procédure de la saisie-arrêt. « Les dépo- « sitaires et débiteurs, dit en effet la loi, sont tenus de « payer, sur la demande qui leur en sera faite. » A quoi bon, dans ce cas, la saisie-arrêt? Si le tiers détenteur est obligé de payer, sur la simple demande du percepteur, quelle serait l'utilité d'un acte qui n'a, en définitive, d'autre but que d'empêcher les tiers de se dessaisir des sommes jusqu'à ce qu'on se soit fait autoriser par la justice à en exiger la délivrance. Cette autorisation est donnée de plein droit par la loi au percepteur, il est donc inutile qu'il la demande au juge, et la saisie-arrêt, dans ce cas, loin d'assurer les droits du Trésor, ne ferait que retarder la marche du recouvrement et augmenter sans nécessité les frais de poursuites. C'est pour éviter ce double inconvénient, que la loi du 12 novembre 1808 a voulu ouvrir au percepteur une voie plus prompte. Mais, qu'on le remarque bien, le droit de se faire délivrer sur simple demande et sans saisie-arrêt par les tiers détenteurs les sommes qui appartiennent aux redevables de contributions, ne saurait s'exercer que s'il s'agit de contributions dont le payement soit privilégié sur les sommes détenues. « Tous dépositaires ou détenteurs de deniers provenant « du chef des redevables et affectés au privilège du Trésor « public seront tenus de payer..., etc... » La distinction entre les cas où le percepteur devra avoir recours à la procédure ordinaire de la saisie-arrêt, et ceux où il aura l'action directe établie par la loi de 1808, repose tout entière sur l'existence du privilège. Quand le privilège n'a pas lieu, le Trésor n'est plus qu'un créancier ordinaire obligé de se conformer aux règles du droit commun et d'agir par voie de saisie-arrêt. C'est en effet parce que, comme nous le verrons, son privilège s'exerce avant tout autre, que le Trésor a reçu le pouvoir exorbitant de se faire délivrer par les tiers, sur une simple demande, les sommes appartenant aux redevables de contributions dont ils se trouvent détenteurs ; ce pouvoir n'est donc qu'une conséquence du privilège quasi absolu attribué à la créance des contributions directes, et disparaît toutes les fois que le privilège ne peut être invoqué.

Lorsqu'il s'agira de recouvrer le montant des sommes dues par un contribuable imposé à la taxe militaire, le comptable devra donc examiner s'il est privilégié sur les sommes provenant du chef du contribuable, qui se trouvent entre les mains des tiers détenteurs ou débiteurs, et agir contre eux suivant les cas, par voie de saisie-arrêt ou de sommation directe.

Mais que faut-il entendre par tiers détenteurs ou débiteurs et quelles personnes doivent être considérées comme telles? L'énumération contenue dans la loi des 5-18 août 1791 et l'article 2 de la loi du 12 novembre 1808 se termine par une disposition générale qui embrasse tous ceux qui, à un titre quelconque, détiennent des deniers provenant du chef des redevables, c'est-à-dire, bien qu'ils ne figurent pas dans l'énumération ; les huissiers, les syndics de faillite. (Arrêt de cassation du 21 mai 1883, rapporté dans Durieu, p. 250, t. II.)

En ce qui concerne les receveurs des consignations cités par la loi de 1808, on peut remarquer que la Caisse des Dépôts et les receveurs des finances qui en font actuellement le service, sont naturellement compris dans cette dénomination, et comme tels, soumis aux dispositions de la loi.

Aux termes de la loi du 12 novembre 1808, les, tiers détenteurs et débiteurs de deniers appartenant aux contribuables, sont donc uniformément tenus de déférer à la demande du percepteur lorsqu'elle concerne des contributions dont le payement est privilégié sur les sommes détenues ; ils doivent y déférer alors même qu'il existerait des oppositions précédemment formées par d'autres créanciers du contribuable venant en concurrence avec le Trésor. Ils ne pourraient même pas, sur le fondement de ces oppositions, et nonobstant la demande du percepteur, verser les sommes dont ils seraient dépositaires, à la Caisse des Dépôts et Consignations, conformément à l'article 657 du Code de Procédure civile, qui porte que faute par le saisi et les créanciers de s'accorder pour la distribution des sommes provenant des meubles vendus ; l'officier qui aura fait la vente, sera tenu de consigner à la charge de toutes les oppositions, le montant de la vente. Le trésor ayant, aux termes de la loi de 1808, un privilège qui prime tous les autres, il ne peut jamais y avoir contestation sur la distribution des deniers, en ce qui le concerne. Dès lors il est inutile de consigner les fonds jusqu'à ce que le juge ait prononcé, et d'arrêter par là le recouvrement de la contribution. C'est précisément pour éviter une pareille procédure et un pareil résultat qu'ont été introduites les dispositions des lois de 1791 et de 1808. La consignation serait donc irrégulière, le détenteur pourrait être, dans ce cas, condamné à représenter les sommes au percepteur, et passible même, suivant les circonstances, de dommages-intérêts. Le percepteur pourrait donc purement et simplement le poursuivre, nonobstant toute opposition de sa part fondée sur le versement qu'il aurait fait à la Caisse des Dépôts et Consignations (Durieu, *Commentaires sur les poursuites*, t. I, p. 302). Cour de Riom. 4 mai 1852. D. 52-2-229. Tribunal des Sables-d'Olonne,

7 juillet 1891. Tribunal de Toulouse, 31 décembre 1891,
affaire Daguzau. (*Mémorial des percepteurs*, année 1891,
p. 180, et année 1892, p. 309.)

Nous partageons cette manière de voir, et croyons
qu'effectivement les tiers détenteurs et débiteurs sont
tenus de déférer à la demande du percepteur et de lui
verser directement les fonds qui sont entre leurs mains
nonobstant toutes autres oppositions, à la condition toutefois qu'elles émanent des autres créanciers du contribuable, et ne mettent en cause que le rang du privilège
du Trésor et non pas son existence même.

Supposons, en effet, qu'un commissaire-priseur ait procédé à une vente mobilière sur un contribuable débiteur
d'une taxe militaire ; un tiers se prétendant propriétaire
des objets saisis et vendus fait opposition entre ses mains
sur le produit de la vente, et revendique en même temps
la propriété des meubles saisis. Il est bien certain qu'en
pareil cas ce n'est plus le rang du privilège du Trésor qui
est en question, mais son existence même, puisqu'il n'y
aura privilège qu'autant que les meubles litigieux seront
jugés appartenir au contribuable et non pas au revendi-
quant. En pareille occurrence, il nous paraît certain que le
tiers détenteur ne sera pas tenu de déférer *de plano* à la
demande du percepteur, et qu'il pourra très légalement,
pour sauvegarder sa responsabilité, consigner les fonds
litigieux. D'ailleurs en l'espèce, la procédure spéciale de
la sommation directe à tiers détenteurs autorisée par la
loi de 1808 manquerait de base légale, puisqu'elle ne peut
régulièrement se fonder que sur le privilège du Trésor
dont l'existence est précisément contestée. C'est d'ailleurs
en ce sens que s'est prononcée la Cour de Cassation par
un arrêt récent du 2 mars 1898, dans une affaire Rhodé-
Staub contre Lainé, commissaire-priseur, cassant un
jugement du tribunal de Melun et décidant que le com-

missaire-priseur, tiers détenteur des 'fonds provenant
d'une vente à laquelle il avait procédé sur un contribuable, n'avait pu valablement se dessaisir des fonds en
faveur du Trésor au mépris d'une défense à deniers qui
lui avait été signifiée à la requête du sieur Rhodé-Staub,
lequel revendiquait la propriété d'un piano compris dans
les objets vendus, et dont le contribuable n'était que le
locataire.

Observons en terminant que les obligations imposées
par la loi à certains tiers détenteurs sont plus étendues
que celles des tiers débiteurs, car la loi des 5-18 août 1791,
contient une disposition qui leur est spéciale et d'après
laquelle non seulement, ils sont tenus de déférer à la
demande des comptables, mais encore ne peuvent se
dessaisir des sommes déposées chez eux, sans que les
contribuables du chef desquels elles proviennent, aient
justifié du payement de leurs impositions. S'ils s'en des-
saisissaient au préjudice du percepteur, même en l'absence
de toute demande de ce dernier, ils pourraient être déclarés personnellement responsables.

Les tiers détenteurs ont longtemps soutenu que cette
obligation à eux imposée par la loi des 5-18 août 1791, de
prendre l'initiative du règlement des contributions, avait
été abrogée par la loi de 1808 qui ne les obligeait qu'à
déférer à la demande du percepteur et que, par suite, en
l'absence de toute demande de la part de ce dernier, ils
pourraient valablement disposer des fonds en faveur des
autres créanciers. La jurisprudence a été longtemps
contradictoire sur ce point, elle est maintenant fixée définitivement par un arrêt de la Cour de Cassation qui
affirme toute la valeur législative actuelle de la loi de 1791 :
« Attendu, porte cet arrêt, que loin d'avoir été l'objet
« d'aucune abrogation législative, la loi des 5-18 août 1791
« a été expressément visée conjointement avec celle du

« 12 novembre 1808 par la loi du 18 juin 1843 sur le tarif
« des commissaires-priseurs, qui accorde à ces officiers
« ministériels un droit de vacation pour le payement des
« contributions qu'ils sont obligés d'acquitter sous leur
« responsabilité ».

Depuis cet arrêt, la question ne saurait plus faire de
doute, les tiers détenteurs ayant un caractère public et
officiel, visé par la loi de 1791, sont tenus non seulement
comme les autres tiers débiteurs de déférer à la demande
du percepteur quand elle se produit et dans les limites
que nous avons indiquées ; mais encore ils ne peuvent
sous leur responsabilité se dessaisir des fonds en l'absence de toute démarche du percepteur, qu'après s'être
fait justifier que le contribuable a payé ses impôts.

Le décret portant règlement d'administration publique
du 24 mai 1898 a pris soin de viser par une mention spéciale les deux lois précitées de 1791 et de 1808,
affirmant ainsi leur concordance déjà consacrée par l'arrêt
ci-dessus dont l'importance est considérable tant au point
de vue du recouvrement de la taxe militaire que des
contributions directes en général.

D. — Non responsabilité des propriétaires et principaux locataires.

En matière de contribution personnelle-mobilière à
laquelle la taxe militaire est assimilée par la loi et le
règlement d'administration publique, il est encore d'autres
personnes à qui le percepteur peut s'adresser dans certains cas pour le payement de l'impôt.

La loi du 21 avril 1832 (art. 22 et 23) dispose qu'en
cas de déménagement hors du ressort de la perception
les propriétaires et à leur place les principaux locataires

devront, un mois avant l'époque fixée, se faire représenter par leurs locataires les quittances de leur contribution personnelle-mobilière. Lorsque les locataires ne présenteront point ces quittances, les propriétaires ou principaux locataires seront tenus dans leur responsabilité personnelle de donner dans les trois jours avis du déménagement au percepteur.

Dans le cas de déménagement furtif, les propriétaires ou principaux locataires deviennent responsables des termes échus de la contribution de leurs locataires, s'ils n'ont pas fait constater, dans les trois jours, ce déménagement par le maire, le juge de paix ou le commissaire de police.

Dans tous les cas, et nonobstant toute déclaration de leur part, les propriétaires ou principaux locataires, demeurent responsables de la contribution des personnes logées par eux en garni.

Le législateur n'a pas cru devoir étendre ces dispositions au recouvrement de la taxe militaire ; le règlement d'administration publique du 24 mai 1898 contient à cet égard une restriction formelle : « Toutefois ne sont pas « applicables à la taxe militaire les dispositions du « deuxième paragraphe de l'article 22 et celui de l'article 23 « de la loi du 21 avril 1832 ». L'administration a sans doute pensé que des recours trop nombreux se produiraient par la force même des choses contre les propriétaires et principaux locataires qui, ignorant le plus souvent si leurs locataires sont passibles de la taxe, négligeraient de demander un certificat négatif ou une quittance au bureau de perception, et se mettraient ainsi dans le cas d'être poursuivis.

CHAPITRE III

EXIGIBILITÉ ET MODE DE PAYEMENT

A. — Annualité de l'impôt. Exceptions à ce principe.

C'est un principe général en matière de contributions directes, que la taxe établie, d'après les éléments existant au 1ᵉʳ janvier, est exigible pour toute l'année. Ce principe s'applique et d'une manière absolue à la contribution foncière, personnelle-mobilière et des portes et fenêtres ; il existe des exceptions pour la patente : en cas de faillite, décès ou liquidation judiciaire, les droits ne sont dus que pour le passé et le mois courant. (Loi du 15 juillet 1880, art. 28.)

La taxe militaire établie au 1ᵉʳ janvier est également due pour l'année entière, sauf les exceptions ci-après : (§ 5, art. 35.)

1° Quand l'assujetti contracte un engagement volontaire ;

2° Quand il obtient son inscription sur les registres de l'inscription maritime. En pareil cas, le payement de la taxe n'est exigible que pour le passé et le mois courant, car tout mois commencé est exigible en entier ;

3° Enfin, en cas de mobilisation générale, la taxe cesse d'être perçue, non seulement en ce qui concerne les douzièmes à échoir ; mais encore pour les douzièmes échus et non encore payés. (Décret du 24 mai 1898, art. 18.)

Les douzièmes dont le percepteur n'a plus à faire le recouvrement, sont passés d'office en non-valeurs ; à cet effet, le service des contributions directes informe les percepteurs des engagements volontaires et des immatriculations sur les registres de l'inscription maritime, portés à sa connaissance conformément aux dispositions de l'article 11 du décret d'administration publique du 24 mai 1898.

L'article 26 du décret du 24 février 1894, abrogé par celui du 24 mai 1898, prévoyait encore un autre cas dans lequel le recouvrement de la taxe devait être suspendu en cours d'année par suite de l'accomplissement de trois années de service dans l'armée active. Cette disposition n'ayant plus de raison d'être dans le système actuel qui n'impose la taxe que pendant trois années à partir du 1er janvier qui suit l'appel de la classe à laquelle appartient l'assujetti, n'a pas été reproduite par le nouveau règlement d'administration publique, il faut donc limiter rigoureusement aux trois hypothèses d'engagement volontaire, d'inscription maritime, et de mobilisation, les cas de suspension de recouvrement en cours d'année.

B. — Exigibilité par douzièmes. Exceptions à ce principe.

La taxe militaire comme les autres contributions directes est, en principe, payable en douze mensualités dont chacune est exigible le premier du mois pour le mois précédent. (Décret des 28 novembre et 1er décembre 1790, titre V, art. 5 ; loi du 13 frimaire an VII, art. 146 ; règlement du 21 décembre 1839, art. 1er ; loi du 15 juillet 1880, art. 29.)

Ces termes ayant été établis en faveur des débiteurs, ceux-ci ont le droit de n'en pas user et de payer plusieurs termes à la fois ou même la totalité de leur cote. Mais ils n'auraient pas réciproquement le droit d'exiger que le percepteur reçoive moins d'un douzième. C'est l'application de l'article 1244 du Code civil, aux termes duquel le débiteur ne peut forcer le créancier à recevoir en partie le payement d'une dette même divisible.

La faculté donnée au contribuable de payer l'impôt par douzième, ne doit pas avoir pour effet de faire considérer la cote ainsi divisée comme autant de dettes partielles dont les contribuables ne seraient grevés qu'à l'expiration de chaque mois. Cette division par douzième n'a d'autre objet que d'accorder des termes pour le payement de la dette, sans en détruire l'unité. Le contribuable en est constitué débiteur pour la totalité dès que le rôle est mis en recouvrement, et s'il avait payé dans les premiers mois l'intégralité de sa cote, il ne pourrait valablement réclamer ensuite le remboursement des termes non échus. Il n'a payé que ce qu'il devait et il n'y a pas lieu de lui rembourser les sommes avancées (art. 1186, Code civil).

Une exception au principe de l'exigibilité par douzièmes résulte de l'article 17 du règlement d'administration publique du 24 mai 1898, aux termes duquel, pour le recouvrement des sommes dues, en vertu des rôles complémentaires émis en cours d'année, les douzièmes échus ne sont pas immédiatement exigibles, mais recouvrés par portions égales, en même temps que les douzièmes non échus.

Soit une taxe militaire de 60 francs, mise en recouvrement par un rôle complémentaire, publié le 15 septembre. Si l'on s'en tenait au principe général de l'exigibilité par douzièmes, il y aurait lieu d'exiger immédiatement les huit douzièmes échus, soit 40 francs, et les autres douzièmes au fur et à mesure de leur échéance, les 1ers octobre, novembre, décembre et janvier. En vertu de la disposition précédente, le recouvrement devra s'opérer de la manière suivante : la totalité de la taxe sera divisée par le nombre des douzièmes à échoir, en l'espèce, en quatre parties égales, soit 60 : 4 = 15, et chacune de ces parties sera recouvrée au moment de l'échéance des douzièmes qui restaient à percevoir au moment de la publication du rôle. Pratiquement, la taxe sera exigible par quart au lieu de l'être par douzième ; il va de soi qu'elle pourrait l'être par tiers, par cinquième ou de toute autre manière, suivant l'époque de la publication du rôle complémentaire ; les portions exigibles devenant d'autant plus considérables que l'époque de la publication du rôle se rapprochera davantage de la fin de l'année.

Bien que le règlement ne prévoie cette exception au principe de l'exigibilité par douzièmes que pour les taxes dues en vertu d'un rôle complémentaire, il semble bien qu'on doive l'étendre aux sommes figurant sur les rôles primitifs, lorsque la publication en est postérieure au 1er mars ; cela, conformément aux dispositions de la loi du 15 juillet 1880, sur la patente (art. 29).

Cette assimilation de la taxe militaire à la patente est absolument justifiée par le paragraphe 6 de l'article 35, qui dispose d'une manière générale, que la taxe est recouvrée comme en matière de contributions directes, sans restreindre l'assimilation à la personnelle-mobilière, comme l'a fait le règlement d'administration publique du 24 mai 1898.

Les intéressés peuvent, en effet, valablement soutenir que le règlement ne saurait restreindre l'étendue d'application de la loi et que cette dernière, en prenant une mesure d'assimilation générale, a eu pour but d'étendre à la taxe militaire toutes les règles de recouvrement compatibles avec la nature de cette taxe et susceptibles d'alléger la charge des contribuables. Or, à ce point de vue, en cas de publication tardive du rôle, il est bien certain qu'il est plus avantageux pour l'imposé, de n'acquitter les douzièmes échus qu'au fur et à mesure des douzièmes à échoir, au lieu de les payer en une seule fois.

Il est encore d'autres exceptions au principe de l'exigibilité par douzièmes, indépendantes, celles-là, de l'époque de la publication des rôles.

En cas de déménagement hors du ressort de la perception, comme en cas de décès, de faillite, de liquidation judiciaire, de vente volontaire ou forcée, la contribution personnelle-mobilière, et par conséquent la taxe militaire, est exigible pour la totalité de l'année courante. Loi du 26 mars 1831, 21 avril 1832 et règlement du 21 décembre 1839 (art. 3).

Ces dispositions se rattachent toutes au principe établi ci-dessus, savoir que la faculté accordée au contribuable de payer par douzième, ne saurait avoir pour effet de diviser la cote en autant de dettes partielles dont les contribuables ne seraient grevés qu'à l'expiration de chaque mois. La division par douzième n'a pour objet que d'accorder des termes pour le payement, sans détruire l'unité de la dette. L'impôt établi dès le commencement de l'année est dû en totalité dès que le rôle est mis en recouvrement malgré que la loi accorde des délais pour le payement. Or, puisque la division par douzièmes n'est au fond qu'une série de termes de payement établis en faveur du contribuable, il doit en résulter que la contribution entière deviendra exigible toutes les fois que le débiteur diminuera la sûreté du Trésor, c'est l'application du principe de l'article 1188 du Code civil, d'après lequel le débiteur est déchu du bénéfice du terme quand il fait faillite ou diminue le gage de son créancier.

Or, en cas de faillite, de liquidation judiciaire, de décès, de déménagement, de vente de meubles, le Trésor peut craindre de voir disparaître sa garantie, et c'est le motif qui rend exigible la totalité de la contribution personnelle-

mobilière, par conséquent de la taxe militaire qui lui est
assimilée.

CHAPITRE IV

DEGRÉS DE POURSUITES

Le rôle, ainsi que nous l'avons vu, constitue pour le
Trésor un titre exécutoire en vertu duquel il peut contraindre le contribuable à acquitter le montant des sommes
dont il se trouve constitué débiteur. Lorsque ce dernier
ne consent pas amiablement la délivrance des sommes
dues, il peut y être légalement contraint par une série
d'actes de poursuites prévus par la loi et le règlement.

Le contribuable qui n'a pas acquitté au 1ᵉʳ du mois, le
douzième échu pour le mois précédent, est dans le cas
d'être poursuivi. (Règlement, 1839, art. 20 : Instruction,
1859, art. 98.)

Toutefois, les actes de poursuites ne sauraient suivre
immédiatement le défaut de payement d'un terme à son
échéance.

Une sommation sans frais doit d'abord être adressée au
contribuable, l'avisant qu'il sera poursuivi par voie de
sommation avec frais s'il ne se libère pas dans le délai de
huit jours. (Loi du 25 mars 1817, art. 71 et 72, et loi du
15 mai 1818, art. 51.)

Les actes de poursuites proprement dits, qu'inaugure
la sommation avec frais, ne sauraient eux-mêmes résulter

de la seule publication du rôle, bien que ce dernier constitue le véritable titre exécutoire contre le contribuable.
Aucune poursuite de cette nature ne peut être exercée
dans une commune, qu'en vertu d'une contrainte décernée
par le receveur particulier de l'arrondissement, visée par
le sous-préfet, et qui désigne nominativement les contribuables à poursuivre.

Les poursuites exercées par un percepteur sans délivrance préalable d'une contrainte seraient nulles, sans
préjudice des dommages-intérêts éventuels auxquels pourrait être condamné le comptable.

D'après l'article 41 du Règlement de 1839, il y a quatre
degrés de poursuites proprement dites, consécutives à la
contrainte. ce sont :

1° La sommation avec frais ;
2° Le commandement ;
3° La saisie ;
4° La vente.

La sommation avec frais peut être employée huit jours
après la sommation gratis, elle a remplacé l'ancienne
garnison individuelle supprimée par la loi du 9 février 1877. La garnison individuelle consistait dans l'envoi
au domicile du contribuable d'agents qui avaient le droit
de s'y établir et d'y être nourris, éclairés et salariés. Jusqu'à la sommation avec frais inclusivement, les différents
actes de poursuites exercés contre les contribuables sont
des actes de poursuites administratifs qui échappent aux
formalités ordinaires de la procédure quant à la forme, et
à la compétence des tribunaux civils, quant à leur interprétation en cas de contestation.

Le commandement inaugure la série des poursuites
dites judiciaires. Les règles du droit commun deviennent
applicables, et en cas de contestation sur la validité de

l'acte de poursuite, les tribunaux judiciaires sont compétents à l'exclusion des tribunaux administratifs.

Il résulte pourtant d'une décision récente du tribunal des conflits, en date du 30 avril 1898, que le Conseil de préfecture demeure compétent alors même qu'il s'agit de l'action en nullité d'un commandement ou d'un acte de poursuite postérieur, si cette action est uniquement basée sur ce que la somme réclamée par l'acte de poursuite argué de nullité n'est pas régulièrement due. En pareil cas, le Conseil de préfecture compétent pour statuer sur la question préjudicielle d'assiette, l'est encore pour décider par voie de conséquence de la validité de l'acte.

C'est là une modification, qui semble très rationnelle, de la procédure jusqu'alors préconisée par le Conseil d'État, et d'après laquelle le tribunal civil était toujours compétent du moment où l'opposition était faite à un acte de poursuite de droit commun, sauf à surseoir jusqu'à ce que les parties fussent allées devant le juge administratif pour faire statuer sur le fond du droit ; ce dernier ne pouvant, après avoir statué sur la question préjudicielle, prononcer par voie de simple conséquence sur le mérite de l'acte de poursuite.

Le commandement ne peut avoir lieu que trois jours après l'envoi de la sommation avec frais. Ce délai est franc et ne commence à courir que du jour de la remise de la sommation.

Le cadre de notre sujet ne comporte pas de développements sur les conditions de validité intrinsèque du commandement et les différentes mentions qu'il doit contenir à peine de nullité.

La saisie, qui doit toujours être précédée du commandement, ne peut avoir lieu que trois jours après la signification de cet acte. (Règlement, 1839, art. 63.)

Il ne peut être procédé à la vente que huit jours après
le procès-verbal de saisie (art. 80); ce délai de huit jours
doit être franc. Aucune vente ne peut, d'ailleurs, être
effectuée qu'en vertu d'une autorisation spéciale du sous-
préfet, accordée sur la demande expresse du percepteur
par l'intermédiaire du receveur particulier.

CHAPITRE V

PRIVILÈGE

Le recouvrement de la taxe militaire est garanti par le
même privilège qui appartient au Trésor en matière de
contribution personnelle-mobilière et qui lui a été
reconnu par l'article 1er de la loi du 12 novembre 1808
(art. 14, décret du 24 mai 1898).

Ce privilège fonctionne donc en matière de taxe militaire de la même manière et avec la même étendue que
pour la taxe personnelle-mobilière, c'est-à-dire qu'il
s'exerce pour l'année échue et l'année courante sur tous
les meubles et effets mobiliers appartenant aux redevables
en quelque lieu qu'ils se trouvent.

C'est un droit accessoire qui vient s'ajouter au droit
résultant déjà de la créance et qui permet au créancier
privilégié, outre la faculté qu'il possède comme tout autre
créancier de faire vendre les biens de son débiteur, d'être
payé sur le prix de ces biens par préférence aux autres
créanciers ordinaires.

Le Trésor, pour le recouvrement de la taxe militaire,

sera donc sur le produit des biens mobiliers du débiteur de cette taxe, payé par préférence à tous autres créanciers ordinaires. Il est très généralement admis que son privilège prime tous les autres privilèges, sauf celui résultant des frais de justice; et par frais de justice il faut entendre ceux faits dans l'intérêt commun des créanciers pour la réalisation du gage du débiteur.

L'exercice du privilège a été limité à l'année échue et à l'année courante dans le but de ne pas entraver les transactions en ne frappant pas les biens des redevables d'une sorte d'indisponibilité résultant de l'étendue des charges qui les auraient éventuellement grevés.

Par année échue et année courante, il faut entendre l'année financière pour laquelle l'impôt a été établi et non pas une période de douze mois quelconque. (Durieu, tome Ier, page 170.)

CHAPITRE VI

PRESCRIPTION

Avec la prescription du privilège, il ne faut pas confondre celle de l'action en payement que ce privilège garantit, laquelle se prescrit par trois ans.

La prescription triennale doit s'appliquer à la taxe militaire, de même qu'à toutes les autres contributions directes et taxes assimilées. (Lois des 23 novembre, 1er décembre 1799, règlement 1839, page 18.)

Son point de départ commence à dater de la publication du rôle qui a mis la taxe en recouvrement; elle est d'ailleurs soumise au droit commun en ce qui concerne les causes de suspension ou d'interruption.

SECTION II

RÉCLAMATIONS

CHAPITRE PREMIER

NATURE DES RÉCLAMATIONS

Les réclamations auxquelles peuvent donner lieu l'assiette et le recouvrement de la taxe militaire, comprennent :

1° Les demandes en décharge ou réduction formées par les contribuables qui se prétendent indûment imposés ou surtaxés. C'est ainsi qu'il y aurait lieu à décharge si l'assujetti était imposé deux fois dans deux communes différentes, ou bien encore n'avait bénéficié d'aucune exemption de service actif justifiant l'imposition.

Si l'assujetti est légalement imposable, mais qu'il y ait eu erreur dans le calcul des bases de l'imposition, soit qu'on ait majoré le principal de sa propre taxe mobilière, ou celle de son ascendant, ou bien encore qu'on n'ait pas tenu compte du nombre des enfants de cet ascendant; il y aurait lieu non plus à décharge mais à simple réduction du montant de la taxe primitivement fixée.

2° Les demandes en remise ou modération tendant à

obtenir des diminutions ou exemptions de taxes à titre gracieux.

Les demandes de la première catégorie appartiennent au contentieux administratif, et se fondent sur un droit prétendu ; les autres sont du ressort de la juridiction gracieuse et ne peuvent être accordées qu'à titre de faveur.

Les premières sont jugées en premier ressort par le Conseil de préfecture à qui appartient la compétence en vertu de la loi du 28 pluviôse an VIII (art. 4), et en dernier ressort par le Conseil d'État.

Les secondes relèvent de la juridiction gracieuse du préfet sauf recours également gracieux au Ministre des Finances.

CHAPITRE II

FORMES ET PROCÉDURE

La procédure et les formes à suivre pour l'introduction, l'instruction, le jugement et l'exécution des réclamations en matière de taxe militaire sont en principe les mêmes que celles employées en matière de contributions directes en général, et spécialement en matière de contribution personnelle-mobilière. Ces règles contenues dans un grand nombre de lois et règlements divers se trouvent condensées et exposées d'une manière très complète dans l'instruction générale sur les réclamations du 29 janvier 1898, publiée par la Direction générale des contributions directes. Les étudier serait sortir du cadre de notre sujet, nous nous bornerons simplement à parler ici des particularités spéciales à la taxe militaire et des dispositions que contiennent à cet égard le règlement d'administration publique du 24 mai 1898, et l'instruction du 27 mai suivant.

Les réclamations relatives à la taxe militaire sont formées, instruites et jugées comme en matière de contribution personnelle-mobilière. Toutefois, le maire est appelé à donner son avis aux lieu et place des répartiteurs. (Décret du 24 mai 1898, art. 19).

Un compte particulier pour ces réclamations est ouvert tant à la direction, que dans les contrôles dans le registre spécial des taxes assimilées.

Cette substitution du maire aux répartiteurs dans l'instruction de la demande s'explique très naturellement par ce fait qu'il s'agit là non plus d'un impôt de répartition mais bien d'un impôt de quotité et qu'en pareil cas c'est toujours le maire qui est appelé à donner son avis, notamment en matière de patentes. (Loi du 15 juillet 1880, art. 27.) Malgré cette assimilation générale, dans la procédure à suivre entre la taxe militaire et la personnelle-mobilière; le règlement du 24 mai 1898 prévoit certaines hypothèses particulières spéciales à la taxe militaire.

La loi du 21 avril 1832 (art. 28) exempte du droit de timbre les réclamations ayant pour objet une cote inférieure à trente francs.

L'instruction du 27 mai 1898 détermine ce qu'il faut entendre par cette expression en matière de taxe militaire. On ne devra pas considérer dans tous les cas comme formant une seule cote l'ensemble de l'imposition inscrite au rôle sous le nom de l'assujetti ou de l'un de ses ascendants. Par suite, si la réclamation a exclusivement pour objet la taxe fixe ou la partie proportionnelle basée sur la contribution personnelle-mobilière soit de l'ascendant, soit

de l'assujetti, le timbre ne sera exigible que si la somme
afférente à l'objet ainsi défini de la demande atteint ou
dépasse, y compris les centimes pour non-valeurs et pour
frais de perception, le chiffre de 30 francs. Mais si la réclamation porte sur le total de la cotisation et que ce
total atteigne ou dépasse 30 francs, le droit de timbre est
dû, quel que soit le montant des divers éléments de la
cotisation considérés isolément.(Instruction du 27 mai 1898,
circulaire n° 927.)

Aux termes de l'article 20 du décret du 24 mai 1898,
l'ascendant imposé peut se pourvoir soit contre son inscription au rôle, soit contre les bases d'imposition de la
taxe, y compris celles qui sont personnelles à l'assujetti.
De même l'assujetti peut réclamer soit contre l'inscription
de son ascendant au rôle, soit contre les éléments d'imposition de la taxe, y compris ceux qui sont personnels à
son ascendant.

Ces dispositions consacrent en somme le droit pour
l'assujetti et son ascendant de réclamer pour l'ensemble
de la taxe ; qu'il s'agisse de la taxe fixe, ou de l'élément
proportionnel calculé sur leurs contributions personnelles-
mobilières respectives.

Le droit pour l'assujetti de réclamer, sans mandat spécial contre une cotisation qui n'est pas imposée à son
nom, constitue une exception au principe général admis
en matière de contributions directes, et d'après lequel nul
n'est admis à réclamer pour autrui s'il ne justifie de sa
qualité d'ayant cause ou de mandataire. Mais cette exception se justifie aisément par la considération tirée du
grand intérêt qu'a l'assujetti de pouvoir réclamer personnellement contre une imposition pour laquelle il ne
figure pas, il est vrai, nominativement au rôle, mais qu'il
peut avoir à supporter en définitive, soit que le percepteur
le poursuive directement en cas d'insolvabilité de l'ascen-

dant, soit que celui-ci exerce le recours éventuel qui lui
est réservé par la loi pour le remboursement des sommes
dont il a fait l'avance (§ 6, art. 35).

Lorsque la taxe est imposée au nom de l'un des ascendants de l'assujetti, le délai pour la réclamation de ce
dernier ne court qu'à partir du jour où il a été mis en
demeure de rembourser la taxe militaire. (Art. 21, décret
du 24 mai 1898.)

Le délai pour réclamer ne court contre le contribuable
imposé au moyen d'un rôle complémentaire (art. 6) qu'à
partir de la connaissance qu'il a eue de son imposition par
les poursuites dirigées contre lui par le percepteur (art. 22).

Ce sont là deux exceptions à la règle, d'après laquelle
les demandes en décharge et réduction doivent être pré-
sentées dans les trois mois de la publication des rôles à
peine de déchéance. (Lois du 4 août 1844, art. 8, et 6 décembre 1897, art. 12.)

Elles s'expliquent par ce fait que, dans les cas dont il
s'agit, le contribuable se trouve placé dans des conditions
telles qu'il peut parfaitement ignorer la publication du
rôle de la contribution indûment établie : dans la première
hypothèse, parce que son ascendant a pu lui laisser
ignorer l'imposition ; dans la seconde, et s'il est personnellement imposé, parce que, n'ayant pas été porté au
rôle primitif, rien ne peut lui faire supposer qu'il doive
être compris dans un rôle complémentaire.

Ces exceptions au point de départ ordinaire du délai de
réclamation se justifient au même titre que celle qui
résulte de la loi du 29 décembre 1884, article 4, aux termes
de laquelle le délai de réclamation, en cas de faux ou double
emploi, part non pas de la publication du rôle, mais bien
du jour où l'imposé a réellement eu connaissance officielle
des poursuites dirigées contre lui. Les dispositions de cet
article sont d'ailleurs applicables à la taxe militaire (art. 23).

Lui sont également applicables les dispositions des articles 2 et 3 de la loi du 21 juillet 1887, relatifs aux réclamations que les contribuables peuvent présenter par voie de déclaration dans les mairies, et dans le mois de la publication du rôle, sans préjudice du droit qu'ils conservent d'ailleurs de saisir le Conseil de préfecture dans les formes ordinaires, s'ils n'ont pas obtenu satisfaction.

Les décisions qui seraient obtenues par l'assujetti, ne font pas obstacle aux réclamations que l'ascendant imposé jugerait à propos de former par la voie contentieuse et réciproquement (art. 23).

Dans le cas de réclamation formée isolément, soit par l'ascendant imposé, soit par l'assujetti, le Conseil de préfecture ordonne, s'il y a lieu, la mise en cause, soit de l'ascendant imposé, soit de l'assujetti. La décision qui intervient est commune aux deux parties portées au rôle de la taxe.

Il en est de même dans le cas de pourvoi devant le Conseil d'État (art. 24).

RÉGIME SPÉCIAL A L'ALGÉRIE

Les dispositions de la loi du 15 juillet 1889, sur le service militaire obligatoire, sont applicables non seulement en France, mais dans les colonies de la Martinique, de la Guadeloupe, de la Guyane et de la Réunion (art. 81, alinéa 1. Loi du 15 juillet 1889).

Elles le sont également en Algérie et dans les colonies non désignées ci-dessus, mais sous certaines réserves indiquées par les alinéas 2 et 3 du même article, aux termes desquels l'obligation de la présence effective sous les drapeaux est réduite à une année pour les Algériens.

La taxe militaire est établie en Algérie conformément aux principes applicables dans la métropole, sauf les exceptions résultant des articles 25 et 26 du décret du 24 mai 1898.

Parmi les assujettis qui sont, eux ou leurs descendants imposables, domiciliés en Algérie, il faut distinguer :

1º Ceux qui ont satisfait à la loi de recrutement dans la métropole ;

2º Ceux qui ont satisfait à cette loi dans la colonie.

Les premiers doivent la taxe militaire pendant trois ans à partir du 1ᵉʳ janvier qui suit la décision par laquelle le Conseil de revision a fixé définitivement leur situation, tandis que les seconds ne la doivent que pendant une année.

Assujettis ayant satisfait en France à la loi
sur le recrutement.

Les assujettis ayant satisfait en France à la loi de
recrutement qui sont, eux et leurs ascendants, domiciliés
en Algérie, ne doivent que la taxe fixe. Une taxe proportionnelle ne pourrait être établie que si l'assujetti ou ses
ascendants imposables, bien que domiciliés en Algérie,
avaient une résidence dans la métropole et y étaient
assujettis à la contribution mobilière.

Dans les deux cas, qu'il s'agisse de taxe fixe ou de taxe
proportionnelle, l'impôt est établi et recouvré en Algérie.

Si l'assujetti est domicilié en Algérie et ses ascendants
dans la métropole, la taxe militaire est établie en France
et comprend, outre la taxe fixe, la portion imposable de
la cote de l'ascendant; elle serait réduite à la taxe fixe et
imposée en Algérie si les ascendants étaient indigents. Il
en serait de même au cas où les ascendants seraient décédés ou sans domicile connu.

Lorsqu'un assujetti sera domicilié en France et ses
ascendants en Algérie, la taxe militaire sera imposée dans
la colonie, elle comprendra la taxe fixe et s'il y a lieu une
taxe proportionnelle égale à trois fois la contribution personnelle-mobilière payée dans la métropole par l'assujetti,
si toutefois les ascendants étaient indigents, la taxe militaire serait, le cas échéant, établie en France.

Assujettis ayant satisfait en Algérie à la loi
sur le recrutement.

Les assujettis ayant satisfait en Algérie à la loi sur le
recrutement sont imposables à la taxe militaire dans les

mêmes conditions que ceux qui ont satisfait à cette loi dans la métropole; toutefois la taxe n'étant due par eux que pendant l'année qui suit la décision par laquelle le Conseil de revision a fixé définitivement leur situation ; il en résulte que ceux qui n'accomplissent aucun service dans l'armée active en sont seuls redevables.

Ce régime de faveur est subordonné à la condition, pour les assujettis, de rester domiciliés en Algérie.

La taxe deviendrait exigible pendant les trois années qui suivent la décision définitive du Conseil de revision, si les assujettis transportaient leur établissement en France avant l'expiration de ces trois années, elle pourrait être réclamée, dans ce cas, non seulement à ceux qui ont bénéficié d'une exonération totale du service dans l'armée active, mais aussi à ceux qui n'ont bénéficié que d'une exonération partielle.

Les agents de la France continentale réclameront, le cas échéant, du service des contributions directes de l'Algérie, les renseignements voulus pour que la cotisation due par les assujettis domiciliés en Algérie soit régulièrement établie dans la commune où résident les ascendants imposables. Par contre, lorsque les assujettis habiteront la métropole et que leurs ascendants imposables résideront en Algérie, les agents des contributions directes en France, auront à fournir au service de l'Algérie les indications qui leur seraient demandées par ce service.

SITUATION LÉGALE DES ASSUJETTIS
EN CAS D'INCORPORATION POSTÉRIEURE
AU PAYEMENT DE LA TAXE

Il peut arriver qu'après avoir payé la taxe, les assujettis se trouvent en situation d'être réincorporés pour la durée intégrale du service actif ou pour compléter la durée de ce service.

Cette situation se présente notamment pour :

1° Les dispensés de l'article 23 ;

2° Les dispensés de l'article 50 ;

3° Les dispensés des articles 81 et 82.

On sait, en effet, qu'aux termes de l'article 24 de la loi du 15 juillet 1889, les dispensés de l'article 23 qui n'ont pas obtenu, dans un certain délai, ordinairement à l'âge de 26 ou 27 ans, les diplômes en vue desquels ils ont été envoyés en disponibilité au bout d'une année de service, ou bien encore qui ne sont pas pourvus d'un des emplois prévus par la loi, sont réincorporés pour compléter la durée de leur service actif.

Quant aux dispensés de l'article 50, en résidence à l'étranger, ils doivent, aux termes de cet article, être incorporés pour la durée légale du service, c'est-à-dire pour trois ans, s'ils rentrent en France avant l'âge de 30 ans révolus (art. 50, alinéa 2).

Il en est de même des jeunes gens résidant dans certaines colonies ou pays de protectorat (art. 81, alinéa 6), qui rentrent en France avant l'âge de 30 ans révolus, ils sont astreints, comme les dispensés de l'article 50, à faire ou à compléter leurs trois années de service actif.

Or, il résulte des dispositions relatives au point de départ et à la durée de la taxe dont nous avons étudié le détail, que les assujettis dont il s'agit sont imposables comme les autres à partir du 1ᵉʳ janvier qui suit la décision prise à leur égard par le Conseil de revision, et payent effectivement la taxe pendant la période triennale qui suit l'appel de leur classe à l'activité. Les uns, tels les dispensés de l'article 50, exonérés de tout service, sont passibles de la taxe intégrale, c'est-à-dire de trois annuités ; les autres, tels les dispensés de l'article 23, envoyés en disponibilité au bout d'une année, ne bénéficient de l'exonération que pendant deux ans, et ne sont passibles que de deux annuités. Mais la situation juridique des uns et des autres reste la même vis-à-vis de l'État, lorsque ayant payé tout ou partie de la taxe, ils sont ensuite rappelés pour effectuer en nature les années de service à raison de l'exonération desquelles ils ont déjà payé.

Auront-ils le droit d'obtenir le remboursement des sommes qu'ils avaient payées, ou bien seront-elles définitivement acquises au Trésor ?

La loi n'a pas spécialement prévu cette situation. Cela est fâcheux, car les dispositions qu'elle contient à cet égard et dont il faut tirer la solution du cas qui nous occupe sont contradictoires et conduisent à des conclusions regrettables au point de vue de l'équité.

Le paragraphe 1ᵉʳ de l'article 35 dispose formellement, en effet, que seront tenus de la taxe ceux-là seuls qui bénéficieront de *l'exonération* totale ou partielle du service actif ; c'est-à-dire, ceux qui à un titre quelconque seront en définitive dispensés d'accomplir ce service ; il semble bien résulter de ce texte que tous ceux qui primitivement dispensés seront privés plus tard de la dispense, et accompliront en fait leurs trois années de service actif, ne devront pas la taxe ; car, en définitive, et c'est le cas des différentes catégories de dispensés dont nous nous occupons; lorsque, par suite d'un appel ou d'un rappel postérieur à l'activité, ils sont incorporés pour trois ans, il est impossible de voir là une exonération; mais un simple sursis. Ils ont accompli leur service plus tard que les hommes de leur classe, mais au même titre qu'eux et pendant la même durée. Or, rien dans le texte n'autorise à assimiler un simple sursis à l'exonération véritable et définitive.

Si l'on s'en tenait au paragraphe 1er de l'article 35 qui pose en définitive d'une manière formelle le principe qui doit servir de base à l'impôt, c'est-à-dire l'exonération; il faudrait donc décider que les dispensés des articles 23, 50, 81 et 82, ne doivent pas être assujettis à la taxe lorsque par suite d'un événement postérieur au prononcé de la dispense, ils en perdent le bénéfice.

Et pourtant, il résulte des dispositions subséquentes de la loi, que non seulement ces individus seront imposés et devront faire l'avance de la taxe; mais, encore qu'ils ne pourront légalement en obtenir plus tard le remboursement, en cas d'incorporation postérieure au payement.

C'est là que gît l'antinomie dont nous parlions entre le paragraphe 1er qui pose d'une manière formelle le principe que la taxe n'est due qu'en cas d'exonération, et les dispositions subséquentes conçues de telle sorte, qu'en fait certains individus auront à la supporter qui ne bénéficieront nullement de cette exonération.

C'est effectivement le cas des dispensés des articles 23, 50, 81 et 82 qui par suite d'événements postérieurs au payement de la taxe seront déchus du bénéfice de la dispense, et contraints d'accomplir en nature le service pour l'exonération duquel ils auront déjà payé en espèces. Il y a là une sorte de double emploi manifeste et l'équité d'accord en cela avec le principe posé par le para-

graphe 1er de la loi, voudrait que les assujettis pussent
obtenir le remboursement des taxes payées dans ces conditions.

En droit, ce remboursement paraît impossible, car il
résulte des dispositions subséquentes de l'article 35, que
les réclamations sont instruites et jugées comme en matière de contributions directes (§ 6), et d'autre part, que la
taxe est établie au premier janvier pour l'année entière
et d'après les éléments existant à cette date (décret du
24 février 1894), c'est la conséquence du principe de l'annualité de l'impôt en matière de contributions directes.
Par application de ces dispositions, c'est donc au premier
janvier de chacune des années de l'imposition, que les
tribunaux administratifs saisis d'une demande en décharge
devront se placer pour en apprécier la régularité. Or, ils
ne peuvent que constater à cette date l'exonération résultant de la non-présence de l'assujetti sous les drapeaux,
et sont naturellement conduits par voie de conséquence à
déclarer la taxe bien établie et à rejeter les demandes en
décharge basées sur des faits postérieurs, lesquels demeurent sans influence sur le bien-fondé d'une imposition
régulièrement établie à l'origine.

Cette conséquence qui peut s'induire des principes généraux, se trouve d'ailleurs corroborée par un argument *a
contrario* tiré du paragraphe 5 de la loi, lequel décide
que la taxe cesse si l'assujetti contracte un engagement
pour une durée de trois ans au moins. Il résulte effectivement de cette disposition que l'engagement volontaire n'a
d'effet que pour l'avenir ; mais reste sans influence sur le
passé, les annuités versées demeurent acquises au Trésor ;
la taxe cesse purement et simplement mais n'est pas remboursée.

Il n'y a donc aucun moyen légal pour les assujettis, en
cas d'incorporation postérieure au payement, d'échapper

au double emploi dont ils sont victimes. Cette situation n'a pas d'analogue en matière de contributions directes, la loi fournissant toujours aux contribuables le moyen légal d'obtenir la décharge des faux ou double emplois constatés à leur préjudice. Il est regrettable que le législateur n'ait pas remédié à cette situation par une disposition formelle et spéciale permettant aux tribunaux administratifs de prononcer le remboursement des sommes payées par les assujettis en cas d'incorporation postérieure au payement.

La loi Suisse a pourvu à cette situation par une disposition intitulée :

« Ordonnance sur le remboursement de la taxe militaire « payée pour service manqué, lorsque ce dernier a été « fait subséquemment. » Ce texte s'applique littéralement, ainsi qu'il résulte de son intitulé même, au cas qui nous occupe et lui a donné la solution que commande l'équité.

Ce n'est d'ailleurs que l'application du droit commun sur les effets de la condition résolutoire accomplie qui remet les parties dans la situation où elles étaient avant d'avoir contracté. (Art. 1183, Code civil.) C'est en effet une sorte de contrat sous condition résolutoire qui intervient entre l'État et l'assujetti, l'Etat n'accordant la dispense que sous certaines conditions résolutoires déterminées, telles que la non-obtention dans un certain délai des diplômes prévus par la loi, ou bien, la rentrée en France avant une époque donnée ; l'assujetti de son côté s'engageant à acquitter une prestation pécuniaire en raison du bénéfice de la dispense. Dans ces conditions, si par suite de l'accomplissement de la condition résolutoire, la dispense vient à disparaître, l'autre terme de l'obligation devient sans cause, et la taxe doit être corrélativement remboursée ; de telle manière que l'on se trouve revenir au *statu quo ante*.

Telle est la solution que conseillerait l'équité, et qui serait d'ailleurs conforme ainsi que nous l'avons fait observer au principe posé par le paragraphe premier de l'article 3. Il est regrettable que le législateur Français ne se soit pas inspiré sur ce point de la législation Suisse.

DISPOSITIONS TRANSITOIRES DE LA LOI
DU 17 AVRIL 1898

Les dispositions dont il s'agit visent les jeunes gens qui ayant déjà payé la taxe antérieurement, continuent d'en être passibles, aux termes de la loi nouvelle, tant à raison de la nature de leurs dispenses que du temps pendant lequel ils l'ont déjà payée. Tous ceux qui l'ont payée pendant trois ans au moins, et c'est le cas des hommes de la classe 1894 et des classes antérieures, doivent effectivement disparaître des rôles, puisque la durée légale de la période d'imposition fixée par la nouvelle loi, a été restreinte à trois années.

Ne sont donc soumis au régime transitoire organisé par la loi de 1898, que ceux des jeunes gens des classes 1895 et 1896 qui, en raison de la nature de leurs dispenses, demeurent passibles de la taxe ; le législateur a eu pour but d'établir l'égalité vis-à-vis de l'impôt entre eux et les nouveaux assujettis qui payeront, pour la première fois, la taxe en 1898.

A cet effet, « tout homme qui, aux termes de la législation nouvelle, reste passible de la taxe militaire et qui aura été précédemment assujetti à cette taxe, devra acquitter en 1898 :

« 1° La taxe afférente à ladite année ;

« 2° Une taxe transitoire égale à la différence existant entre les droits dont il aurait été précédemment redevable d'après la nouvelle loi, et ceux auxquels il a été réellement assujetti » (§ 8, art. 35).

Cette disposition constitue, en somme, un rappel sur des exercices antérieurs : pour les assujettis de la classe 1895, un rappel sur les exercices 1896 et 1897 ; pour ceux de la classe 1896 un rappel sur l'exercice 1897 seulement.

Est-ce à dire qu'elle doive être considérée comme illégale et prise en violation du principe de non-rétro-activité des lois ?

De nombreuses réclamations, en ce sens, ont été adressées par des contribuables visés par cette disposition ; elles sont encore trop récentes pour avoir reçu une solution. On peut pourtant prévoir, dès maintenant, qu'elles seront rejetées, car le principe de non-rétroactivité contenu dans l'article 2 du Code civil ne lie que le juge et non pas le législateur : le pouvoir législatif ne peut être restreint que par la constitution et l'article 2 n'est pas une loi constitutionnelle ; c'est pourquoi, les réclamations dont il s'agit ne sauraient être admises du chef de la violation du principe de non-rétroactivité ; le législateur peut faire rétroagir la loi, ce point est aujourd'hui constant ; ce faisant, il fera peut-être une mauvaise loi, mais son œuvre ne sera pas entachée d'illégalité. Mais si le principe de non-rétroactivité n'est pas un principe obligatoire, il faut bien reconnaître qu'il n'en doit pas moins s'imposer au législateur comme règle de justice et d'équité, car s'il fait la loi, il ne fait pas le droit. A ce point de vue, la rétro-activité ne doit être admise que dans des limites restreintes, et lorsqu'elle s'impose absolument.

La disposition transitoire relative aux assujettis des classes 1895 et 1896 satisfait-elle au principe de la non-rétroactivité considérée à ce dernier point de vue, c'est-à-dire comme simple règle de justice et d'équité ? Qu'est-ce en effet que le principe de non-rétroactivité en matière fiscale, et à quoi reconnaître qu'une loi d'impôt est rétroactive? Une formule générale pourrait difficilement déterminer ce qu'il faut entendre par rétroactivité en la matière, cette formule embrasserait malaisément tous les cas qui peuvent se présenter à raison de la nature très dissemblable des divers impôts et des mesures d'exécution que les lois de cet ordre sont amenées à prescrire. Nous bornant à déterminer les caractères rétroactifs d'une loi qui règle un impôt direct de quotité comme la taxe militaire, nous dirons que cette loi doit être considérée comme rétroactive, toutes les fois que d'un fait entièrement accompli sous l'empire de la législation précédente, elle tirera des conséquences fiscales pour l'avenir.

Faisant l'application de cette formule au cas qui nous occupe, il est difficile de ne pas voir une disposition rétroactive dans le fait d'instituer un rappel sur des exercices antérieurs, en appliquant à ces exercices un mode de calcul et des bases d'imposition institués par une loi postérieure à la clôture de ces exercices. Il y a bien là, semble-t-il, tous les caractères de la rétroactivité, avec cette conséquence fâcheuse que cette rétroactivité place en fait les assujettis de l'ancienne loi dans une situation plus défavorable que les jeunes gens soumis pour la première fois au payement de l'impôt en 1898. Non pas qu'on leur demande de débourser, en définitive, une somme plus considérable que ces derniers, puisqu'en fait la taxe transitoire qu'on leur impose en 1898 est destinée à établir l'égalité à ce point de vue, mais bien parce qu'ils n'auront pour se libérer que des délais de payement beaucoup plus courts, et partant plus rigoureux.

Pour se rendre compte de la situation véritablement très dure faite à cet égard aux anciens assujettis par la loi nouvelle, et particulièrement à ceux de la classe 1895, qui ayant déjà payé la taxe en 1896 et 1897 doivent en 1898 supporter une taxe transitoire constituée par des rappels

sur deux exercices antérieurs, il suffit de citer quelques
chiffres. Nous n'entrerons pas d'ailleurs dans le détail des
calculs qui servent à les obtenir; et dont le mécanisme a
été pratiquement exposé dans le chapitre III de la sec-
tion II intitulé : « Calcul pratique d'une taxe et de ses
divers éléments ».

Prenons par exemple un assujetti de la classe 1895,
qui a déjà payé la taxe en 1896 et 1897, et supposons qu'il
ait personnellement un loyer de 1.400 francs, et son ascendant imposable un loyer de 3.600 francs; (par hypothèse,
ces bases d'imposition n'ont pas varié pour 1896, 1897 et
1898). Quel va être le montant de la taxe exigible pour
1898 ?

A. — D'abord la taxe afférente à l'exercice 1898 :

1º Taxe fixe............................. 6 f. »

2º Taxe proportionnelle.

A. — Triple de la taxe personnelle-mobilière en principal de l'assujetti............. 184 47

B. — Triple de la taxe personnelle-mobilière en principal de l'ascendant............. 463 71

3º Centimes additionnels pour fonds de non-
valeur à raison de cinq centimes par franc de
principal................................. 32 71

4º Centimes pour frais de perception à raison
de trois centimes par franc du principal augmenté des centimes pour fonds de non-valeurs,
ci....................................... 20 61

TOTAL 707 50

B. — Puis la taxe transitoire constituée par un rappel
sur chacun des deux exercices précédents et égale à la
différence entre ce qui a été payé pour ces exercices et ce
qui aurait dû l'être si la taxe avait été calculée d'après la

loi nouvelle ; or pour chacun des deux exercices écoulés, l'assujetti a payé :

1° Taxe fixe...........................	6 f.	»

2° Taxe proportionnelle.

A. — Principal de la taxe personnelle-mobilière de l'assujetti.................. 61 49

B. — Principal de la taxe personnelle-mobilière de l'ascendant................. 154 57

3° Centimes pour fonds de non-valeur....... 13 80

4° Centimes pour frais de perception........ 8 69

TOTAL................. 244 55

L'assujetti a donc payé pour chacun des exercices antérieurs 244 fr. 55 au lieu de 707 fr. 50, qui eussent été exigibles d'après la loi nouvelle soit une différence, en moins, de 707 fr. 50 — 244 fr. 55 = 462 fr. 95 pour chaque exercice. La taxe transitoire payable en 1898 sera donc de 462 fr. 95 × 2 = 925 fr. 90, qui ajoutés à la taxe de 1898 donnent un total de 925 fr. 50 + 707 fr. 50 = 1.633 fr. 40. chiffre véritablement énorme, alors surtout que les délais impartis pour le payement des sommes afférentes à l'exercice 1898 doivent être extrêmement courts ainsi que nous le verrons bientôt (1).

(1) Il convient de remarquer que les chiffres afférents aux exercices 1896 et 1897 ne sont pas rigoureusement exacts, en ce sens que le centime le franc en principal, c'est-à-dire le rapport entre l'ensemble des valeurs locatives et le contingent mobilier en principal, varie chaque année, et qu'il aurait fallu pour établir très exactement le contingent mobilier en principal de l'assujetti et de son ascendant pour 1896 et 1897, multiplier le chiffre de leurs loyers par les centimes le franc respectivement applicables à ces deux exercices. Or, nous nous sommes servis d'une manière constante du centime le franc de 1898. Mais si l'on tient compte que le centime le franc, c'est-à-dire le chiffre d'impôt mobilier en principal afférent à un franc de valeur locative matricielle ne varie guère annuellement que de

En présence de ces résultats, il est permis de regretter que le législateur n'ait pas cru devoir procéder d'une autre manière pour établir l'égalité entre tous les assujettis. Son droit incontestable était en effet de déclarer, par une disposition spéciale, applicable aux jeunes gens ayant déjà payé la taxe en 1897 et 1898, que ces assujettis continueraient d'être imposés à la taxe d'après la nouvelle loi, exactement comme les nouveaux assujettis, c'est-à-dire pendant le même laps de temps et d'après les mêmes bases, sauf à déduire du montant de leur taxe, pour chacune des trois années de l'imposition, le tiers des sommes par eux déjà payées, au titre de l'ancienne loi. Ce faisant, la loi ne statuait que pour l'avenir, et échappait entièrement au grief tiré de la prétendue violation du principe de non-rétroactivité. En tous cas, cette mesure aurait eu le grand avantage de permettre aux contribuables de s'acquitter beaucoup plus aisément des charges parfois très lourdes que leur impose la nouvelle loi pour le seul exercice 1898.

En tout état de cause, et même avec le système qu'il adoptait, le législateur aurait dû prévoir des délais plus considérables que les délais légaux ordinaires pour le payement de la taxe transitoire afférente à l'année 1898. Cette mesure s'imposait d'autant plus qu'en raison de la date du vote de la loi, il était facile de prévoir que les rôles seraient publiés tardivement en cours d'année, que par suite le recouvrement ordinaire par douzième serait impossible, et que la situation du contribuable contraint de s'acquitter intégralement dans l'intervalle de la publi-

---

quelques dix-millièmes, on voit facilement que cette différence, même multipliée par le chiffre des loyers pris comme exemple, ne peut donner qu'un écart inappréciable au point de vue du rendement de la taxe.

cation du rôle à la fin de l'année, se trouverait encore aggravée de ce chef.

Malgré toutes ces considérations qui paraissaient sérieuses, le législateur n'a pas édicté de mesures particulières pour le mode de recouvrement de la taxe, il n'a pas non plus donné de délégation spéciale à cet effet au pouvoir exécutif, qui aurait pu prendre les mesures nécessaires dans le décret portant règlement d'administration publique, rendu en exécution de la loi. Aussi ne faut-il pas s'étonner que ce décret soit absolument muet sur la question, car à défaut de délégation spéciale, il ne pouvait légalement prendre l'initiative de mesures destinées, en somme, à modifier, pour la taxe militaire, les règles de recouvrement établies par la loi en matière d'impôts directs, règles normalement applicables au recouvrement de cette taxe ($\S$ 6, art. 35).

La loi et le règlement d'administration publique étant muets sur les mesures spéciales qu'il convenait de prendre au point de vue du recouvrement, l'Administration des contributions directes ne pouvait qu'appliquer rigoureusement les principes généraux : c'est ce qu'elle a fait sans s'illusionner d'ailleurs sur les résultats probables de cette manière de procéder.

Ces résultats ne se sont point fait attendre, et se sont traduits, au moins à Paris, où il nous a été donné de le constater à la préfecture de la Seine, par une abondance de réclamations contentieuses et de demandes de remises et de délais telle, qu'on peut prévoir dès maintenant que le recouvrement de la taxe donnera lieu aux plus grandes difficultés, nécessitera des mesures d'exécution très nombreuses, à moins que, par la force des choses, on ne soit amené à accorder dans une très large mesure des remises gracieuses qui viendront grever outre mesure le fonds de non-valeur. C'est ce qui arrive presque toujours quand le

législateur méconnaît cette règle essentielle que le rendement d'un impôt est en raison directe des facultés
accordées au contribuable pour se libérer. C'est un fait
d'expérience, que les contribuables qui sont en somme
chez nous beaucoup plus dociles que l'apparence, mesurent
la gravité de l'impôt plutôt à la rigueur des poursuites qu'à l'étendue du sacrifice pécuniaire qui leur est en
définitive imposé.

LÉGISLATION ÉTRANGÈRE

Italie et Allemagne.

On a proposé sans succès, à différentes reprises, d'établir la taxe militaire en Italie et en Allemagne, dans ce dernier pays notamment un projet de loi très complet a été présenté au Reichstag en 1880 (1), mais il n'a pas été voté malgré l'importance que parurent y attacher le gouvernement impérial et le parti militaire représenté surtout à cette époque par le maréchal de Molke. Voici dans ses grandes lignes l'économie de ce projet :

Principe de la taxe. — La taxe était considérée comme une sorte de compensation pécuniaire, non plus seulement comme chez nous du service actif en temps de paix, mais encore du service dans la landwher; qui, au moment où fut présenté le projet de loi sur la taxe militaire, correspondait à peu près à notre réserve de l'armée active.

« Les individus qui, sujets à la levée, ne peuvent rem-
« plir les obligations du service dans l'armée, dans la
« flotte, dans la landwher et dans la seewher de première
« classe sont tenus au payement d'un impôt conformé-
« ment aux dispositions de la présente loi (art. 1er). »

La seewher est la réserve de l'armée de mer, de même que la landwher constitue la réserve de l'armée de terre. Elle est divisée en deux classes, les hommes de la seewher

(1) *Bulletin de statistique et de Législation comparée*, année 1880, 2e semestre, p. 69 et suivantes.

de deuxième classe ne sont astreints à aucune période d'exercice en temps de paix. Il résulte du texte de l'article premier que l'exemption du service dans la seewher de première classe qui comporte, au contraire, un service effectif, donnait seule lieu au payement de la taxe.

Assujettis (art. 1er). — Sont notamment soumis à l'impôt :

« 1° Les individus exclus ou exemptés du service de « l'armée ou de la marine ;

« 2° Ceux qui sont placés dans la seconde réserve de « première ou de deuxième classe, ou dans la seewher de « deuxième classe ;

« 3° Ceux qui quittent le service militaire avant d'en « avoir accompli toutes les obligations. »

Pour se rendre un compte exact des catégories d'assujettis énumérées ci-dessus, il est nécessaire d'entrer dans quelques détails sur le recrutement de l'armée Allemande, et la répartition du contingent au moment où fut présenté le projet de loi :

Il n'y a pas de difficulté pour les exclus ou exemptés, ces deux catégories d'individus ont leurs analogues dans l'armée Française, et correspondent aux individus exclus pour indignité en vertu de l'article 4 ; et ceux visés par l'article 20 de la loi du 15 juillet 1889 qui ne présentent pas les aptitudes physiques requises pour le service.

Il est à remarquer que la loi Française, contrairement aux dispositions du projet de loi Allemand, ne soumet plus à la taxe militaire les individus exclus de l'armée comme indignes.

La seconde catégorie d'imposables comprend ceux qui sont placés dans la seconde réserve de première ou de deuxième classe ou dans la seewher de deuxième classe. Nous avons vu que la seewher de deuxième classe n'était autre qu'une portion de la réserve de l'armée de mer.

Mais que faut-il entendre par cette expression du projet de loi, seconde réserve de première ou deuxième classe ?

Disons d'abord que cette institution de l'organisation militaire allemande, n'a pas d'analogue chez nous, et qu'elle ne se confond nullement avec la réserve de notre armée active qui existe d'ailleurs également en Allemagne.

Ce que le projet de loi appelle première ou seconde réserve n'est autre que (l'Ersatz réserve) la réserve de remplacement instituée par la loi du 2 mai 1874 (1), et dans laquelle sont classés tous les dispensés du service actif sous les drapeaux pour un motif quelconque autre que l'incapacité physique absolue de servir. Elle sert : 1° à maintenir au complet les effectifs de paix; 2° à les compléter au moment de la mobilisation; 3° éventuellement à former des troupes de complément.

L'Ersatz réserve, aux termes de la loi de 1874, se divisait en deux classes, le service durait cinq ans dans la première classe, et sept ans dans la deuxième, soit une durée totale de douze années.

Dans la première classe on versait : 1° les hommes qui en raison de l'élévation de leur numéro de tirage n'avaient pas été pris pour le contingent de l'armée active; 2° les dispensés du service actif en temps de paix à titre de soutiens de famille; 3° les meilleurs au point de vue des aptitudes physiques de ceux qui n'avaient pas été reconnus bons pour le service actif.

La deuxième classe comprenait : 1° les hommes qui tout en n'ayant pas été complètement réformés ne présentaient pourtant que de médiocres aptitudes pour le service

____

(1) *Annuaire de législation étrangère*, année 1874, p. 88 et suivantes.

armé; 2° les hommes qui s'y trouvaient versés après cinq années de service dans la première classe.

Les uns et les autres étaient, d'ailleurs, en principe dispensés de tout service actif; les hommes de la première classe seuls pouvaient être astreints à trois périodes d'exercice d'une durée respective de dix, six et quatre semaines chacune; ceux de la deuxième classe étaient exempts non seulement de tout service actif, mais encore de toute convocation en temps de paix, qu'ils appartinssent à la première ou à la deuxième classe. Les hommes classés dans l'Ersatz réserve étaient d'ailleurs passibles de la taxe aux termes du projet de loi (1).

La troisième catégorie d'assujettis énumérée par le projet de loi, comprend ceux qui quittent le service militaire sans en avoir rempli toutes les obligations : ce sont notamment les déserteurs et les Allemands qui vont fixer leur résidence à l'étranger, tant qu'ils sont encore assujettis au service dans l'armée active, la landwher ou la seewher de première classe.

Dispensés. — Ne devaient pas être soumis à l'impôt :

1° Les individus dont les obligations à l'égard du service militaire étaient antérieures au 1er janvier 1872;

2° Les individus devenus incapables de servir par suite d'infirmités contractées au service;

3° Les individus qui, par suite d'infirmités physiques ou intellectuelles, sont impropres à tout travail lucratif et ne possèdent pas un revenu suffisant pour leur propre

(1) Il est bon de faire observer que l'organisation de l'Ersatz réserve a été grandement modifiée par une loi postérieure à la présentation du projet de taxe militaire, celle du 11 février 1888, art. 2, titre II; et que son organisation actuelle ne cadre plus exactement avec le projet de loi que nous étudions. Il n'existe plus notamment deux classes de l'Ersatz réserve, les hommes autrefois classés dans l'Erzatz réserve de 2e classe, le sont actuellement dans le Landsturm du premier ban.

entretien ou pour celui des parents dont ils sont de par la loi tenus d'assurer l'existence ;

4° Les individus qui sont secourus régulièrement par l'assistance publique.

Point de départ et durée de l'imposition. Circonstances qui la modifient. — L'obligation de payer la taxe porte sur une durée maximum de douze années, commençant au 1er avril qui suit la décision fixant définitivement les conditions de l'exemption militaire (art. 2).

Le payement de la taxe pendant douze années s'explique logiquement par ce fait que la durée du service dont la dispense donnait lieu à ce payement était précisément, à l'époque où le projet de loi fut présenté, de douze années, dont trois passées sous les drapeaux, quatre dans la réserve et cinq dans la landwher (loi du 9 novembre 1867 et articles 57 et 59 de la Constitution de l'Empire du 16 avril 1871) (1).

La durée du payement de la taxe, fixée en principe à douze années, est susceptible de diminuer par suite de certaines circonstances survenues en cours d'imposition. L'article 3 pose à ce sujet les règles suivantes :

Le temps pendant lequel les individus passibles de l'impôt auront servi dans l'armée active, la flotte, la landwher ou la seewher de première classe, sera déduit de la période imposable, et à cet égard, chaque année commencée au service comptera comme une année entière.

Lorsque les individus soumis à l'impôt sont appelés au service actif, ils cessent de le payer dès le commencement de l'année fiscale au cours de laquelle ils ont été appelés,

(1) Actuellement et depuis les lois du 11 février 1888 et 3 août 1893, les bases du service sont les suivantes : deux ans sous les drapeaux, cinq ans dans la réserve, cinq ans dans la landwher du premier ban, et six ans dans la landwher du 2e ban, formée par l'addition en 1888 des six premières classes du Landsturm.

Les sommes payées sur cette année leur sont restituées.

Les hommes de la seconde réserve de première classe, qui ont suivi les manœuvres en temps de paix conformément à toutes les prescriptions n'ont à payer; indépendamment de la faveur dont ils jouissent d'être exemptés de la taxe pour l'année au cours de laquelle ils ont été appelés, que la moitié de l'impôt normalement exigible jusqu'à la fin de la période d'imposition.

Les hommes visés par cette disposition sont ceux qui, faisant partie de la première classe de l'Ersatz réserve (réserve de recrutement), dont nous avons spécifié l'organisation ci-dessus, sont appelés à des périodes d'exercices conformément aux dispositions de la loi. Ces périodes sont au nombre de trois, et d'une durée respective de 10, 6 et 4 semaines. Lorsque les hommes appartenant à la première classe de l'Ersatz réserve avaient accompli ces trois périodes d'exercices, ils n'avaient plus à payer que la moitié de la taxe afférente à la période d'imposition restant à courir jusqu'à leur passage dans le landsturm du premier ban.

L'obligation de payer l'impôt cesse, en cas de mort, avec le trimestre dans lequel le décès a eu lieu (art. 4). Cette disposition est contraire au principe de l'annualité de l'impôt, dont la loi Française fait l'application en décidant qu'au cas de décès, la taxe est néanmoins due pour toute l'année, dès lors que l'assujetti était imposable au début de l'année d'imposition.

Responsabilité des ascendants. — Comme en France et dans les autres législations étrangères, les parents de l'assujetti sont solidairement responsables avec lui du payement de l'impôt, mais seulement quand ils ont l'obligation légale d'assurer leur existence. Dès que cette obligation vient à cesser et avec le trimestre dans lequel elle cesse, prend également fin leur responsabilité relative au payement de la taxe.

Bases de l'imposition. — (Art. 8.)

La taxe comprend :

1° Un droit fixe :

2° Un droit proportionnel.

Le droit fixe est fixé à 4 marks.

Le droit proportionnel est calculé de la manière suivante :

A. — Ceux qui ont un revenu imposé de 6.000 marks et plus payeront un droit annuel de 3 0/0, savoir :

    De 6.000 à 7.000 marks........   180 marks.

    De 7.000 à 8.000 marks........   200   —

et ainsi de suite, le droit augmentant de 30 marks pour chaque 1.000 marks de plus de revenu.

B. — Ceux dont le revenu imposé ne dépasse pas 6.000 marks auront à payer un droit annuel réglé conformément au tarif ci-dessous :

Pour un revenu annuel :

de plus de	jusqu'à	
5.400 marks.	6.000 marks.	148 marks.
4.800 —	5.400 —	120 —
4.200 —	4.800 —	96 —
3.600 —	4.200 —	72 —
3.000 —	3.600 —	52 —
2.400 —	3.000 —	36 —
1.800 —	2·400 —	24 —
1.500 —	1.800 —	18 —
1.200 —	1.500 —	12 —
1.000 —	1.200 —	10 —

Les individus dont le revenu annuel ne dépasse pas 1.000 marks n'ont à payer que le droit fixe, et sont exempts du droit proportionnel. L'évaluation du revenu devant servir de base à l'impôt devait être faite d'après les règles suivantes (art. 9).

Le revenu comprend les ressources que les personnes imposées retirent :

1° De leurs propriétés foncières ;

2° De leur fortune mobilière ;

3° De toutes créances à revenus périodiques ou autres avantages de toutes espèces ;

4° Du revenu d'un métier quelconque ou de n'importe quelle occupation lucrative.

On prenait la moitié de ce revenu total, on le divisait, le cas échéant par le nombre des enfants de l'assujetti, et c'était le chiffre ainsi obtenu qui servait de base à la taxe proportionnelle.

Aux termes de l'article 10, il y avait également lieu de prendre en considération certaines circonstances de nature à grever exceptionnellement les assujettis, telles que le grand nombre d'enfants, des parents pauvres à soutenir, les maladies et tous autres faits calamiteux de nature à compromettre leurs moyens de production ; dans ces différents cas, l'assujetti pouvait être placé dans la classe du revenu inférieur à son revenu réel, et s'il appartenait à la dernière catégorie être exonéré de l'impôt.

Les augmentations ou diminutions de revenus, qui peuvent intervenir au cours de l'année fiscale, ne modifient point le montant de l'impôt une fois arrêté. Si toutefois, un revenu imposé vient à disparaître complètement après que l'impôt a été arrêté, le droit afférent à ce revenu sera intégralement restitué à dater du trimestre dans lequel la demande en remise aura été faite ou dans lequel le revenu aura complètement disparu (art. 14).

Mode de libération. — Aux termes de l'article 11, l'impôt devait être payé à celui des États confédérés dans lequel l'assujetti avait son domicile. S'il habitait l'étranger, à l'État dont il était originaire.

Au cas de changement de domicile d'un État dans un autre État, l'impôt doit être payé pendant le trimestre du changement de domicile au bureau de perception où il a été payé jusque-là.

L'article 12 accorde aux contribuables, qui touchent des traitements ou pensions à une caisse de l'Empire ou d'un État confédéré, la faculté de faire déduire le montant de l'impôt de la somme qu'ils ont à recevoir, la caisse se chargeant alors de le faire parvenir au bureau de perception.

D'une manière générale, et cette dernière mesure prise dans l'intérêt des contribuables en est l'indication la plus topique, on voit que la loi Allemande ne craignait pas de compliquer le service de l'assiette et du recouvrement de l'impôt dans le but d'accorder des facilités plus grandes à l'imposé.

L'article 13 est relatif à la procédure à suivre en cas de réclamations contre la fixation ou l'évaluation de l'impôt. Les réclamations doivent être adressées dans un délai de quatre semaines après la notification du rôle aux autorités qui ont fixé ou évalué le montant de l'impôt. Il est statué par l'autorité fiscale de l'arrondissement de l'État dans lequel la fixation ou l'évaluation de l'impôt a eu lieu. Un délai de quatre semaines, à partir du jour de la notification de la décision, est accordé pour en appeler à l'autorité financière supérieure de l'État, dont la décision est sans appel.

L'impôt réclamé tardivement en cas d'omission (art. 15) n'est dû que pour l'année fiscale dans laquelle il a été réclamé ; cette mesure est conforme aux dispositions de notre législation qui ne permet également d'inscrire sur les rôles complémentaires que les contribuables omis au

1er janvier de l'année de l'imposition, et pour cette année seulement.

L'impôt établi se prescrit par quatre ans à partir de l'année fiscale dans laquelle il devait être payé (art. 16). Chez nous la prescription est fixée à trois années.

Aux termes de l'article 17, les frais de perception sont bonifiés à chacun des États fédérés à raison de 4 0|0 du montant total des sommes perçues sur son territoire.

L'article 18 prévoit des dispositions réglementaires à prendre par le Conseil fédéral pour l'établissement de l'impôt et punit d'une amende de 300 marks les contraventions éventuelles aux prescriptions réglementaires. L'amende pécuniaire peut être changée en emprisonnement pour les individus trop pauvres pour la payer. Les amendes ainsi payées sont acquises à l'État dont les autorités ont statué.

Enfin, les articles 19 et 20 se réfèrent à des mesures d'exécution générale ou transitoire qui n'offrent pas un intérêt spécial à la taxe militaire.

Autriche.

Les principes qui dominent l'organisation militaire en Autriche-Hongrie ont été posés par la loi du 5 décembre 1868 successivement modifiée par celles des 2 octobre 1882 et 11 avril 1889 (1).

Aux termes de ces lois, le service est en principe obligatoire pour tous les sujets de l'Empire; ils peuvent être appelés depuis dix-neuf jusqu'à quarante-deux ans ré-

____

(1) *Etat militaire des principales puissances étrangères au printemps de 1891* par le capitaine Lauth. Berger Levrault et Cie.

volus. En temps ordinaire, les jeunes gens sont appelés dans le courant de l'année où ils atteignent l'âge de vingt et un ans révolus.

Le contingent annuel, composé des hommes reconnus bons pour le service, se répartit de la manière suivante. Il est divisé en trois catégories :

A. — La première dans laquelle sont rangés les individus qui ont tiré les numéros les plus bas constitue le contingent de l'armée active qui sert successivement :

3 ans sous les drapeaux ;

7 ans dans la réserve ;

2 ans dans la landwher ou le honved (le honved constitue la landwher pour les pays Hongrois).

Après qu'ils ont quitté l'armée active, les hommes qui ont été compris dans le contingent de la première catégorie peuvent être soumis à des périodes d'exercice qui sont réglées de la manière suivante :

Pendant les sept années qu'ils passent dans la réserve, ils peuvent être rappelés trois fois sous les drapeaux pour une durée de quatre semaines au plus à chaque appel.

B. — Lorsque le contingent de l'armée active est au complet, on procède avec les numéros qui suivent immédiatement à la formation des contingents des landwhers dans lesquels sont versés directement les hommes qui ont obtenu ces numéros.

C. — Le surplus du contingent en hommes reconnus bons pour le service est classé dans la troisième catégorie fixée au dixième de la première, et compte pendant douze ans dans l'Ersatz-réserve (réserve de recrutement). La réserve de recrutement peut être appelée pendant les deux premières années à combler les insuffisances du contingent.

Dans cette catégorie sont également classés les 22.000 dispensés du service actif en temps de paix au titre d'instituteurs, élèves ecclésiastiques, soutiens de famille, etc.

Les hommes classés dans les deuxième et troisième catégories ci-dessus, c'est-à-dire dans les contingents de landwher et de l'Ersatz réserve, sont dispensés de tout ou partie du service actif en temps de paix ; leurs obligations militaires ne sont pas d'ailleurs exactement les mêmes dans les deux parties de la monarchie.

En dehors de l'armée active, de sa réserve et de la landwher, existe encore le landsturm dont font partie depuis dix-sept ans jusqu'à quarante-deux ans, tous ceux qui n'appartiennent pas à l'une des catégories précédentes et dans laquelle sont versés tous les landwheriens à l'expiration de leur service dans la landwher. Mais en temps de paix le service n'est pas obligatoire dans le landsturm.

En résumé tout citoyen de la monarchie Austro-Hongroise doit, en principe, personnellement le service militaire. La durée de service dans l'armée active est de 10 ans, dont 3 sous les drapeaux et 7 dans la réserve ; chaque citoyen appartient en outre pendant les deux années suivantes à la landwher, soit un total de 12 années de service. Le service dans le landsturm n'est point obligatoire en temps de paix.

Aux termes de l'article 55 de la loi du 5 décembre 1868, tout citoyen exempté pour une cause quelconque de tout ou partie du service militaire obligatoire en temps de paix, devait être assujetti au payement d'une taxe militaire annuelle. Malgré le principe posé par cet article, la taxe ne fut pas perçue en fait jusqu'à la loi du 13 juin 1880 qui est venue organiser l'assiette et le recouvrement de l'impôt créé par l'article 55 de la loi de 1868.

La loi du 13 juin 1880 (1) est divisée en trois chapitres :

(1) *Annuaire de Législation étrangère*, année 1880, p. 278 et suivantes.

Le premier s'occupe de la perception et de l'établissement de la taxe militaire ; les deux derniers sont relatifs à l'emploi qui doit être fait du produit de cette taxe.

Assujettis. — Sont assujettis en principe au payement de la taxe tous ceux qui sont dispensés en tout ou en partie du service obligatoire soit dans l'armée ou sa réserve, soit dans la landwher. Ce sont notamment tous les hommes exemptés pour infirmités, les ajournés, les dispensés de tout ou partie du service à titre de soutiens de famille ou en raison de professions qu'ils exercent, élèves ecclésiastiques, instituteurs, etc...; etc..., (art. 1er).

Dispensés. — Sont dispensés (art. 2) :

1° Ceux qui par suite d'infirmités physiques ou intellectuelles sont incapables de subvenir à leur existence par leur travail ; et à l'existence de ceux qu'ils doivent aux termes du droit civil nourrir et entretenir, et qui ne possèdent d'ailleurs aucune fortune ni revenu ;

2° Les indigents secourus par l'assistance publique.

Point de départ et durée de la taxe. — La taxe est payable pendant douze années à partir du mois d'avril qui suit la décision qui a exempté l'assujetti.

L'obligation de payer la taxe cesse par la mort de l'assujetti ou son incorporation.

Toutes les dispositions ci-dessus se rapprochent beaucoup du projet de loi Allemand et n'offrent à ce titre qu'un intérêt secondaire, où elles en diffèrent c'est au point de vue du mode de calcul de la taxe.

Mode de calcul et éléments de la taxe. — Le parlement Autrichien a repoussé le système de la double taxe fixe et proportionnelle, il a craint qu'une loi mettant à la charge de certains assujettis une imposition relativement très forte et proportionnelle à leur fortune ne fût trop considérée comme procédant du même esprit que l'ancien remplacement à prix d'argent.

L'article 3 établit une taxe unique avec 14 classes ; et fixe pour chaque classe le taux suivant :

1re classe..	100 florins	8e classe..	30 florins

1re classe.. 100 florins   8e classe.. 30 florins
2e   — ...   90 —   9e   — ... 20   —
3e   — ...   80 —   10e   — ... 10   —
4e   — ...   70 —   11e   — ...   5   —
5e   — ...   60 —   12e   — ...   3
6e   — ...   50 —   13e   — ...   2   —
7e   — ...   40 —   14e   — ...   1   —

La répartition dans ces diverses classes des hommes soumis à la taxe militaire doit avoir lieu chaque année, d'après les conditions personnelles de fortune et de revenu de ces contribuables, ainsi que d'après la somme d'impôts directs annuellement payée par chacun d'eux.

La taxe militaire est d'un florin pour tous ceux dont les profits et revenus ne dépassent pas la valeur d'un salaire quotidien, et qui d'ailleurs ne payent pas d'impôts directs.

La répartition dans les diverses classes doit, en principe, être faite de telle sorte que l'homme soumis à la taxe militaire appartienne à la classe dans laquelle le taux de l'imposition corresponde à la dixième partie de la somme d'impôts directs (y compris les centimes additionnels revenant à l'État, mais à l'exclusion de tous autres centimes), qu'il paye annuellement — Par exemple l'homme qui paye 100 florins d'impôts directs par an sera placé dans la dixième classe.

Toutefois en raison des autres circonstances qui doivent être également prises en considération (capital, produit de la profession, revenu), l'homme soumis à la taxe peut être placé dans une classe plus haute ou plus basse. Pour la détermination de la taxe, il y a lieu, le cas échéant, de tenir compte du revenu des personnes responsables de la taxe de l'assujetti conformément à la disposition de l'article 4 ci-après ; avec cette modification toutefois, que la somme représentant la dixième partie des contributions directes payées par elle doit être divisée par le nombre d'enfants, petits-enfants, ou enfants adoptifs qui sont à la charge des personnes soumises à la taxe.

L'assujetti peut être placé dans une classe inférieure en cas de malheurs, mauvaises récoltes, accidents, etc..., survenus au cours de l'année. En pareil cas, les hommes qui auraient été placés dans les quatre dernières classes peuvent demander à être entièrement déchargés.

Ce système de taxation, comme on le voit, emprunte à la fois au système Allemand et au système Français en ce que la répartition entre les diverses classes se fait non seulement en prenant pour base le revenu comme le système Allemand, mais encore la somme des autres impôts directs payés par l'assujetti. Encore en France ne prend-on pour base que la seule taxe mobilière ; mais il présente cette particularité qu'il n'admet pas deux éléments de la taxe l'un fixe, l'autre proportionnel.

Le système Autrichien paraît en somme bien compliqué ; le service de l'assiette de l'impôt doit éprouver en fait les plus grandes difficultés et se heurter à des réclamations, d'autant plus fréquentes que les bases d'appréciation sont plus diverses et plus nombreuses.

Personnes responsables de la taxe. — Comme dans toutes les autres législations qui ont adopté la taxe militaire, à côté de l'assujetti passible de la taxe, on a institué la responsabilité de certains tiers (art. 4).

Ce sont les parents, grands-parents et parents adoptifs des assujettis, aussi longtemps qu'ils sont tenus, d'après le droit civil, de subvenir aux besoins de leurs enfants, ou enfants adoptifs.

Toutefois, cette obligation n'existe qu'autant que les assujettis eux-mêmes ne possèdent aucune fortune ni revenu, et sont encore à la charge entièrement, ou du moins en grande partie, de leurs ascendants.

Le système de la responsabilité des ascendants est sensiblement différent en droit Français, car si d'une part il est moins étendu, en ce sens qu'il n'atteint qu'une catégorie de personnes plus restreinte, les ascendants du premier degré ; d'autre part, il les atteint dans tous les cas et sans aucune restriction relative aux obligations de dette alimentaire pouvant exister entre eux et leurs enfants. En France, effectivement, la taxe est due par l'ascendant dont la cote personnelle-mobilière a servi de base à la taxe militaire, alors même qu'il ne se serait tenu aux termes du droit civil d'aucune obligation alimentaire envers l'assujetti.

Perception. — Aux termes de l'article 8, dans chaque commune une commission composée du chef des autorités politiques du district comme président, et de quatre membres, dont deux sont désignés par le président, et deux choisis par le Conseil municipal, est chargée d'établir en première instance les rôles des hommes soumis à la taxe.

Les rôles ainsi dressés doivent être, par les soins des employés communaux, affichés pendant quinze jours.

Un recours aux autorités provinciales (Landestelle) est ouvert contre les décisions de la commission pendant un délai de trente jours, à partir de la signification à l'homme soumis à la taxe du bordereau de taxe ; si la décision des autorités provinciales est conforme à celle de la commission, il n'y a pas de recours au ministre de la défense nationale.

Les réclamations ou recours relatifs à l'établissement ou à la perception de la taxe sont affranchis de tous frais de timbre.

Cette gratuité n'existe pas en droit Français, la taxe

militaire y est soumise au droit commun relatif aux réclamations en matière de contributions directes, et n'est
affranchie de droits de timbre que si elle est inférieure à
30 francs.

Fonds spécial de la taxe militaire. — Avec le produit
de la taxe militaire qui d'ailleurs doit, comme tout autre
recette, figurer sur le budget annuel, il est constitué un
fonds spécial dit fonds de la taxe militaire, administré par le
Ministre des Finances et destiné, aux termes de l'article 13 :

1° A l'amélioration du sort des invalides ;

2° A l'assistance des veuves nécessiteuses et orphelins
des gagistes (1) et des hommes appartenant à l'armée
active, la marine et la landwher qui sont tombés devant
l'ennemi ou qui sont morts à la suite de blessures ou de
maladies contractées à la guerre.

Le Ministre de la défense du pays, d'accord avec le
Ministre de la Guerre, administre le fonds de la taxe militaire (art. 14). Un état indiquant la situation financière
du fonds est, chaque année, soumis au Parlement et approuvé par lui.

Les articles 15 et 16 sont relatifs aux mesures de détails
à prendre pour la répartition des sommes distribuées aux
divers ayants droit.

*Des secours accordés aux familles nécessiteuses des
mobilisés.* — Le titre troisième de la loi est consacré aux
secours à accorder aux familles nécessiteuses des mobilisés à l'aide du surplus du produit de l'impôt demeuré
libre après prélèvement de la partie versée dans le fonds
spécial. Cette dernière partie de la loi présente cette particularité importante qu'elle consacre pour les familles

----

(1) Les gagistes sont les officiers, employés militaires, méde-
cins, etc... qui touchent des appointements au mois, tandis que les
soldats touchent une solde par jour.

d'hommes mobilisés un véritable droit officiel de secours
de la part de l'État. Nous avons eu l'occasion de voir en
étudiant la législation Française que le Parlement avait
énergiquement refusé de s'engager dans cette voie.

Aux termes de l'article 17, des secours en cas de mobilisation sont accordés aux familles nécessiteuses des
hommes en état de congé, des hommes appartenant à la
réserve, à la réserve de remplacement (Ersartz réserve),
à la landwher, des hommes utilisés conformément à l'article 18 de la loi sur l'organisation militaire (il s'agit des
hommes impropres au service armé, mais pouvant être
utilisés en temps de guerre suivant les professions qu'ils
exercent, dans les services auxiliaires de l'armée) ainsi
que des hommes appartenant au landsturm convoqué.

Les secours consistent en une indemnité d'entretien
pour chaque membre de la famille, égale à l'indemnité
accordée par tête et par jour pour l'entretien des troupes
de passage ; et si la famille paye un loyer, en une indemnité de logement égale à la moitié de l'indemnité
d'entretien. Pour les enfants au dessous de huit ans, le
secours est diminué de moitié.

Ces secours sont indépendants de ceux qui émanent des
autorités provinciales, communales ou de la charité privée
(art. 19).

Sont considérés comme faisant partie de la famille et
ayant à ce titre droit à l'assistance (art. 18) la femme
légitime de l'homme appelé au service et ses enfants.

Sont également considérés comme faisant partie de la famille les parents dans la ligne ascendante, et les frères ou
sœurs s'ils sont nourris et entretenus par l'homme appelé
au service.

Doit enfin être considéré comme ayant droit au secours
tout membre de la famille qui n'a pour subvenir aux

besoins de son existence d'autres ressources que le travail personnel de l'homme appelé au service.

Les renseignements nécessaires à la constatation de l'indigence sont recueillis par le maire, d'accord avec les autorités politiques du district où est domiciliée la famille qui réclame des secours (art. 18).

L'article 20 est relatif à l'organisation des commissions dites de secours instituées dans les différents pays représentés au Parlement et composées : 1° du chef de l'autorité politique du pays ; 2° d'un délégué de l'administration des finances ; 3° d'un député de la délégation du pays.

Les commissions prononcent, en dernier ressort, sur l'état d'indigence, déterminent le montant du secours, en ordonnent le payement et éventuellement la suppression. Leurs décisions sont sans appel.

Les secours accordés sont payables au bureau de la perception la plus rapprochée du domicile de la famille secourue les 1er et 16 de chaque mois.

Ils sont dus en principe du jour de la mise en route de l'homme appelé, jusqu'au jour de son retour dans ses foyers.

Dans aucun cas, il n'y a lieu à la restitution des secours reçus (art. 21).

Tout secours est supprimé par la commission, aux familles des hommes coupables de désertion ou légalement condamnés à une peine d'emprisonnement ou à une autre peine plus forte (art. 23).

L'article 24 charge le ministre de la défense du pays, d'accord avec le Ministre de la Guerre et le Ministre des Finances, de l'exécution de la présente loi.

Suisse (1).

Il n'y a pas en Suisse d'armée permanente, sur le pied de paix, analogue aux armées des pays voisins ; l'armée Suisse est une armée de milice comprenant un très petit nombre d'officiers et de sous-officiers maintenus d'une manière permanente sous les drapeaux en qualité d'instructeurs.

Les obligations militaires auxquelles est astreint tout citoyen Suisse, ont été réglées par la loi du 19 février 1875 complétée en 1887 par une loi sur le landsturm.

Aux termes de ces lois, tout citoyen Suisse, valide, doit le service militaire depuis 17 ans jusqu'à 50 ans révolus. Il n'est admis aucune exception en faveur des intérêts individuels ou de famille, mais des exemptions sont accordées, pendant la durée de leurs fonctions ou de leurs emplois à certaines catégories d'individus dans le but de donner satisfaction aux intérêts supérieurs des grands services publics, par exemple : aux instituteurs, aux membres du clergé, aux employés de l'administration des postes et télégraphes, des hôpitaux, des services de bateaux à vapeur.

En temps ordinaire, les jeunes Suisses sont appelés dans le courant de l'année où ils atteignent l'âge de 20 ans révolus, un peu plus de la moitié seulement sont déclarés bons pour le service, les autres ajournés ou définitivement exemptés pour inaptitude physique.

Pendant l'année de l'appel, les hommes déclarés bons pour le service, sont considérés comme recrues non disponibles, c'est-à-dire qu'ils ne sont pas incorporés dans

____

(1) *Puissance militaire des États de l'Europe*, par le capitaine Molard. Plon-Nourrit et Cⁱᵉ.

les corps de troupes, mais astreints à une période d'instruction dite *École de recrues* et dont la durée est de 45 jours pour l'infanterie, 50 pour le génie, 55 pour l'artillerie et 80 pour la cavalerie (loi de 1882).

Vers le 31 décembre de l'année qui suit l'appel et l'école de recrues, les hommes sont incorporés dans les différents corps de troupes et font dès lors partie de l'armée fédérale qui comprend :

1° L'armée régulière ou élite (auszug) ;

2° La landwher ;

3° Le landsturm.

Tout Suisse valide est tenu de servir de la vingtième à la trente-deuxième année (12 ans) dans l'élite, de la trente-troisième à la quarante-quatrième (12 ans) dans la landwher.

Enfin, tous les hommes valides de dix-sept à cinquante ans, non incorporés dans l'une ou l'autre des précédentes catégories ou sortant de ces catégories, appartiennent au landsturm.

Pendant les douze années qu'ils passent dans l'élite, les hommes sont astreints à des périodes d'exercice qu'on nomme cours de répétition et qui sont réglés comme suit :

Pour l'infanterie, l'artillerie de campagne et le génie, tous les deux ans un cours de quatorze à dix-huit jours ;

Pour l'artillerie de forteresse, tous les deux ans un cours de dix-huit jours ;

Pour la cavalerie, un cours de dix jours tous les ans, mais pendant dix ans seulement.

Les cours de répétition donnent lieu à une véritable mobilisation des diverses unités constitutives de l'élite.

En ce qui concerne la landwher, les périodes d'instruction fixées par la loi spéciale du 7 septembre 1881, sont :

Pour l'infanterie, de cinq jours tous les quatre ans;

Pour l'artillerie et le génie, six jours tous les quatre ans;

La cavalerie n'est pas convoquée en temps ordinaire.

Quant aux homme du landsturm armé (hommes de quarante-quatre ans ayant fait leur service dans l'élite et la landwher), ils sont astreints en principe à une période d'instruction de deux jours tous les ans; en fait ils ne sont pas appelés.

La loi fédérale sur la taxe d'exemption du service militaire adoptée une première fois en 1875 et une deuxième fois le 27 mars 1877, fut plusieurs fois rejetée par la votation populaire et n'a été adoptée définitivement que le 28 juin 1878 (1). Voici quelles en sont les principales dispositions :

Principe de la taxe. Assujettis. — Aux termes de l'article 1er, tout citoyen Suisse en âge de servir, habitant le territoire ou hors du territoire de la Confédération, et qui ne fait pas personnellement le service militaire auquel il serait régulièrement astreint, conformément aux dispositions ci-dessus détaillées des lois particulières en vigueur, est soumis par compensation au payement d'une taxe annuelle en espèces.

Le Conseil fédéral a résolu, par l'adoption du principe suivant, la question de savoir dans quelle mesure le citoyen Suisse résidant à l'étranger, et celui qui, outre sa nationalité suisse, possède encore un droit de cité à l'étranger, peuvent être tenus de payer la taxe d'exemption du service militaire en Suisse :

1° Le citoyen Suisse résidant à l'étranger et appelé à y faire du service militaire ou à y payer la taxe équivalente,

---

(1) Voir *Recueil officiel*, nouvelle série, III, p. 532, et *Annuaire de Législation étrangère*, année 1878, p. 559.

soit parce qu'il est ressortissant de ce pays en même
temps qu'il est Suisse ; soit pour tout autre motif, ne sera
pas tenu de payer la taxe militaire en Suisse, pour le
temps où résidant à l'étranger, il y a rempli ses obligations militaires. (Cas Châtonay, feuille fédérale de 1885,
III, 856.)

2° Le Suisse qui est en même temps citoyen d'un autre
État, mais qui dans cet autre État n'est appelé à aucune
prestation militaire, ne pourra pas invoquer sa double nationalité pour échapper au payement de la taxe militaire
suisse, même pour le temps qu'il a passé à l'étranger.
(Cas Hildebrand, feuille fédérale de 1884, IV, 621.)

L'article 1er contient, en outre, une disposition que l'on
ne trouve pas dans les autres législations, et relative aux
étrangers qui sont établis en Suisse : ils sont également
soumis à la taxe, à moins qu'ils n'en soient exemptés en
vertu de traités internationaux ou qu'ils n'appartiennent à
un État dans lequel les Suisses ne sont astreints ni au
service militaire, ni au payement d'une taxe équivalente
en espèces.

A côté des assujettis, la législation Suisse, de même
que toutes les autres législations a constitué un autre débiteur solidaire de l'impôt. Les parents sont effectivement
responsables de la taxe pour leurs fils mineurs et pour
ceux de leurs fils majeurs qui font ménage commun avec
eux (art. 9).

Dispensés. — Sont dispensés de la taxe militaire (art 2) :

a) Les indigents secourus par l'assistance publique,
ainsi que ceux qui, par suite d'infirmités physiques ou
intellectuelles, sont incapables de subvenir à leur existence par leur travail, et ne possèdent pas une fortune suffisante pour leur entretien et celui de leur famille. Les
autorités compétentes sont chargées de déterminer à partir de quel chiffre la fortune des exemptés pour infirmités

physiques sera réputée suffisante et justifiera le payement de la taxe. Une circulaire du Conseil Fédéral du 12 décembre 1883 enjoint aux différents cantons de ne les taxer que si leur fortune dépasse quinze mille francs en capital.

Il est à remarquer que cette restriction à la dispense des individus exemptés du service pour cause d'infirmités, se trouve dans toutes les législations, sauf dans la législation Française, qui établit d'une manière absolue la dispense de cette catégorie d'individus sans avoir égard à leur situation de fortune, et met à ce point de vue sur la même ligne les pauvres et les riches. On peut le regretter au point de vue du rendement de la taxe déjà si compromise par les autres réformes de la loi du 13 avril 1898.

b) Les militaires devenus impropres au service militaire par suite de ce service (réformés).

c) Les citoyens Suisses à l'étranger s'ils sont astreints à un service personnel régulier, ou au payement d'une taxe d'exemption dans le lieu de leur domicile.

d) Les employés des chemins de fer et des bateaux à vapeur, s'ils sont dispensés du service personnel, et dans les années où conformément à l'article 2 de la loi sur l'organisation militaire, ils font leur service militaire en qualité d'employés pour l'exploitation des chemins de fer et des bateaux à vapeur en temps de guerre.

e) Les gendarmes et les agents de police, ainsi que les gardes frontière fédéraux.

Eléments et bases de calcul de la taxe. — La taxe d'exemption du service militaire consiste en une taxe personnelle de 6 francs, et une taxe supplémentaire proportionnée à la fortune et au revenu. La taxe annuelle simple d'un contribuable ne doit pas dépasser 3.000 francs (art. 3).

Cette fixation d'un maximum de la taxe est toute spéciale à la législation Suisse.

Il n'en est pas de même de la dualité des éléments de la taxe ; l'un fixe, l'autre proportionnel, qui se retrouve dans toutes les autres législations, sauf en Autriche.

La taxe proportionnelle s'établit de la manière suivante (art. 4).

Elle est calculée à raison de :

1,50 par francs 1.000 de fortune nette.

1,50 par francs 100 de revenu net.

Si la fortune nette d'un contribuable est inférieure à 1.000 francs en capital, elle n'est pas soumise à la taxe. De même si son revenu n'est pas supérieur à 600 francs, il n'entre pas non plus en ligne de compte.

L'article 5 pose les règles relatives à la détermination d'une part de la fortune (capital), d'autre part du revenu net imposable des assujettis.

a) *Fortune*. — La fortune nette imposable comprend les biens meubles et immeubles, déduction faite des dettes.

La valeur des objets mobiliers nécessaires au ménage, celle des outils servant à une industrie et celle des instruments aratoires ne sont pas portées en ligne de compte.

Pour taxer les immeubles on ne doit pas se baser sur leur rendement, mais uniquement sur la valeur vénale (1).

Les immeubles consistant en bâtiments agricoles et propriétés foncières ne sont estimés qu'aux trois quarts de leur valeur vénale, déduction faite des dettes hypothécaires. Quand une propriété présente un caractère mixte, il y a lieu de déterminer si elle rentre plutôt dans la caté-

____

(1) Circulaire du département fédéral des finances du 5 juillet 1879.

gorie des propriétés de luxe que dans celle des exploitations agricoles; et suivant les cas de la taxer pour l'intégralité de sa valeur vénale, ou seulement pour les trois quarts de cette valeur.

Ce n'est pas seulement la fortune actuelle des assujettis qui entre en ligne de compte, c'est encore leur fortune à venir, dans laquelle il faut comprendre les biens sur lesquels ils ont éventuellement un droit de succession légal.

La loi décide à cet égard que la fortune des père et mère, et à leur défaut des grands-parents, entrera en ligne de compte pour l'établissement de la taxe proportionnelle, à moins que le père du contribuable ne fasse lui-même du service ou ne paye la taxe d'exemption pour son compte personnel.

La portion imposable de la fortune des ascendants s'obtient en divisant la moitié de cette fortune par le nombre des enfants ou petits-enfants des ascendants. C'est on le voit à peu près le système de la loi Française du 15 juillet 1889 modifiée depuis par celle de 1893, et qui tenait également compte de la cote mobilière des ascendants du premier et du deuxième degré pour l'établissement de la taxe proportionnelle.

b) *Revenu*. — C'est le second élément sur lequel est basée la taxe proportionnelle. Dans le revenu ne sont naturellement pas compris les produits de la fortune mobilière et immobilière évalués ci-dessus et qui ont déjà servi au calcul de la taxe; autrement il y aurait double emploi. Par revenu il faut entendre en l'espèce :

1° Le gain que procure le revenu d'un art, d'une profession, d'un commerce ou d'une industrie, d'une fonction ou d'un emploi.

Les dépenses faites en vue d'obtenir ce gain sont déduites, à l'exception toutefois des frais de ménage et du 5 0/0 du capital engagé; en un mot c'est du bénéfice net dont il s'agit.

2° Le produit des rentes viagères, des pensions et des autres revenus analogues.

La taxe proportionnelle est, on le voit, directement établie sur l'ensemble des ressources des assujettis et non plus, comme en France, sur l'indication plus ou moins imparfaite résultant indirectement du chiffre de l'impôt mobilier ; quoi qu'il en soit, ce système paraît bien compliqué et comporte tout un système d'inquisitions et d'enquêtes, dont le contribuable s'accommoderait sans doute très mal en France.

Point de départ et durée de l'imposition. — La taxe est payable en principe par les assujettis pendant toute la période qui s'écoule entre leur vingt et unième et leur quarante-quatrième année, soit pendant vingt-trois ans.

Toutefois, à partir de l'âge de trente-deux ans jusqu'à la fin de la période d'imposition, la taxe est diminuée de moitié. C'est donc pendant les douze années qui correspondent au service dans l'élite que la taxe est due intégralement ; on a considéré que la dispense des obligations du service dans la landwher ne justifiait pas le payement d'une somme aussi forte (art. 7).

Il est encore certaines circonstances dans lesquelles la taxe peut se trouver réduite :

1° Pour les militaires qui après huit ans de service viennent à être réformés, ou bien encore pour ceux qui sont libérés temporairement en vertu de l'article 2 de la loi sur l'organisation militaire (individus libérés à raison de la nature des fonctions civiles qu'ils ont à remplir). Ils n'ont à payer que la moitié de la taxe fixée pour leur classe d'âge (art. 6) ;

2° Pour ceux qui ont commencé le service, mais qui sont licenciés durant la première partie de ce service, ils

sont tenus de payer seulement la moitié de la taxe légale
pour l'année correspondante. (Circulaire du Conseil fédéral du 7 juillet 1887, art, 2.)

3° Lorsque le service manqué pendant l'année ne consiste qu'en une inspection ou un exercice d'un jour, la
taxe afférente à cette année est également réduite de moitié, à condition que l'absence ait été occasionnée par un
cas de maladie. (Règlement d'exécution de la loi fédérale
du 1er juillet 1879, art. 1er.)

Dans le même ordre d'idées, mais à l'inverse, l'assemblée fédérale a le droit d'élever la taxe militaire jusqu'au
double de son montant normal pour les années dans
lesquelles la plus grande partie des troupes de l'élite est
appelée d'une manière extraordinaire à un service actif.
En pareil cas, les obligations normales du service se trou-
vant notablement aggravées, on a pensé qu'il était juste
d'augmenter corrélativement l'étendue du sacrifice pécuniaire représentatif de ce service (art. 8).

L'année d'imposition part du 1er janvier, et le 1er mai
est fixé comme date uniforme de l'établissement du rôle
annuel (art. 14).

Moyens de service et dispositions diverses. — Les
autorités cantonales sont chargées de l'établissement du
rôle annuel de tous les contribuables, ainsi que de la perception des taxes. Les cantons remettent annuellement à
la Confédération, au plus tard à la fin du mois de janvier
qui suit l'année de l'imposition, la moitié du produit brut
de la taxe perçue par eux, ainsi que les pièces justifica-
tives. L'Assemblée fédérale fixe la part à prélever sur ce
produit et qui doit être affectée au fonds des pensions
militaires (art. 12 et 14).

Les ordonnances d'exécution édictées par les différents
cantons, et relatives à l'établissement des rôles, à la perception de la taxe, à la désignation des autorités qui en

sont chargées, doivent être soumises à la sanction du Conseil fédéral. Elle doivent pourvoir :

a) A ce que les rôles originaux terminés au plus tard à la fin de mai, soient laissés à la disposition des intéressés pendant un délai convenable.

b) A ce qu'un bordereau de taxe renfermant toutes les indications nécessaires pour en apprécier les divers éléments, ainsi que la procédure de recours et les délais de réclamations, soit communiqué à chaque contribuable ; le bordereau de taxe remplit le même rôle que, chez nous, l'avertissement.

c) A ce que les comptes de la taxe soient clôturés le 31 décembre.

Tout homme exempté du service, astreint ou non à payer la taxe militaire, reçoit, s'il n'en est pas déjà muni ensuite d'un service militaire antérieur, un livret de service dans lequel sont officiellement consignés les payements de la taxe militaire, ou la libération de la taxe. (Art. 8, règlement d'exécution du 1er juillet 1879.)

Voies de recours. — Il est constitué dans chaque canton une juridiction chargée de statuer sur les recours contre les décisions de l'autorité qui a établi les rôles (art. 13).

Dans le but d'assurer une application uniforme de la loi, le Conseil fédéral a un droit de haute surveillance sur toutes les opérations relatives à la taxe militaire, et doit connaître notamment de toutes les réclamations contre les décisions en premier ressort des juridictions cantonales, lorsqu'elles sont dirigées contre la violation ou l'application incorrecte des dispositions légales. Les recours de l'espèce doivent être formés dans un délai de dix jours au plus tard à partir de la signification de la décision de la juridiction cantonale, dans le cas contraire, cette décision est définitive.

Situation légale des assujettis incorporés postérieure-
ment au payement de la taxe. — Il est intéressant de
signaler, en terminant l'étude des principales dispositions
de la loi Suisse, une ordonnance en date du 24 avril 1885
intitulée : « Ordonnance sur le remboursement de la taxe
« militaire payée pour un service manqué, lorsque ce der-
« nier a été fait subséquemment » (1), nous y avons déjà
fait allusion à propos de la situation en France de certaines catégories de jeunes gens, et notamment des dispensés conditionnels de l'article 23 qui peuvent être réincorporés pour compléter leurs trois années de service
actif, alors qu'ils ont déjà payé la taxe compensatoire de
ce service. Nous avons vu que d'après les principes généraux de notre législation, et en l'absence d'une disposition formelle à cet égard, ces jeunes gens ne pouvaient
prétendre au remboursement de la taxe déjà payée, ce qui
constituait en somme à leur préjudice une sorte de double
emploi.

Le législateur Suisse a pourvu à cette situation par
l'ordonnance du 24 avril 1885 aux termes de laquelle :
« Lorsque conformément aux articles 82 et 85 de l'orga-
« nisation militaire, un homme est astreint au service pour
« un cours de répétition (période d'exercice) en compen-
« sation duquel il a déjà payé la taxe d'exemption ; cette
« dernière doit lui être remboursée ».

Le remboursement de la taxe payée a lieu contre quittance par le canton qui a perçu ladite taxe aussitôt que le
droit au remboursement a été reconnu. Il est pris note de
ce remboursement sur le livret militaire de l'homme.

(1) *Loi générale sur les contributions publiques* du 9 novembre
1887, p. 95, imprimerie centrale Génevoise-Genève.

CONCLUSION

De l'étude qui précède semblent pouvoir se dégager les conclusions suivantes :

Le principe sur lequel repose la taxe militaire la justifie très suffisamment, en tant qu'un impôt puisse se justifier autrement que par *l'ultima ratio* qui leur est commune à tous ; savoir, la nécessité pour l'État de se procurer les ressources nécessaires au maintien de l'ordre social, et au fonctionnement des grands services publics. Il est en somme naturel et juste d'imposer un sacrifice pécuniaire à ceux que la loi fait bénéficier d'une véritable faveur : l'exonération de tout ou partie des trois années obligatoires de service actif. A cet égard, on ne peut méconnaître que la taxe militaire ne soit un des impôts directs le plus aisément justifiable, surtout depuis les réformes introduites par la loi du 13 avril 1898 qui ne frappe plus que les dispensés ayant retiré de la dispense un profit personnel véritable.

Mais ce point de vue n'est pas le seul auquel on doive se placer pour le critérium d'un bon impôt ; il faut encore tenir compte des difficultés d'assiette et de recouvrement

qu'il est susceptible de présenter, et surtout du rendement qu'on en peut attendre. Or, à cet égard, la taxe militaire ne saurait échapper à des critiques évidemment très fondées.

Nous avons vu que son assiette donnait lieu presque toujours à des recherches nombreuses et à des calculs compliqués, que d'autre part, les bases sur lesquelles reposait l'élément proportionnel, étaient essentiellement variables d'année en année; et que par suite de ces variations de la matière imposable, le service chargé de l'établir, était exposé à de fréquents mécomptes. Toutefois, ces difficultés dans la recherche et l'appréciation des éléments de l'assiette ont beaucoup diminué depuis la réforme introduite en 1893, et d'après laquelle en cas de décès des ascendants du premier degré de l'assujetti, il n'y a plus lieu, comme auparavant, de tenir compte de la taxe personnelle-mobilière des ascendants du second degré.

Mais la critique de beaucoup la plus sérieuse que l'on puisse actuellement adresser à la taxe, depuis les réformes résultant de la dernière loi, c'est son manque de productivité. A ce point de vue, on ne saurait méconnaître que la loi de 1898 en a gravement compromis le rendement. Il suffit, pour s'en rendre compte, de citer quelques chiffres extraits des documents statistiques publiés par le Ministère des Finances, et présentant les effets financiers de la nouvelle loi par rapport à ceux de la loi de 1889.

C'est ainsi que le rendement annuel de l'ancienne taxe s'élevait en moyenne, par classe, à 712.000 francs, ce qui, à partir de l'année 1911, date du plenum de la taxe avec dix-neuf classes soumises à l'impôt, aurait produit 13.600.000 francs environ. Avec le système nouveau, on arrive à un produit, par classe, de 933.000 francs environ, ce qui donne comme produit annuel, pour les trois classes désormais soumises à l'impôt, la somme de 2.800.000 francs.

En se plaçant au point de vue exclusivement fiscal, et quand il s'agit d'une loi de finances, il faut bien reconnaître que ce point de vue est surtout intéressant, on ne peut méconnaître que les réformes introduites par la loi de 1898 conduisent à des résultats désastreux, puisqu'elles font disparaître plus des trois quarts du produit de l'impôt.

On peut regretter que le législateur n'ait pas cherché à compenser dans une certaine mesure la moins-value devant résulter d'une part de la disparition de certaines catégories d'assujettis, d'autre part de la réduction de la période imposable. Il aurait pu atteindre ce résultat en portant du simple au double le taux de la taxe fixe, et en le fixant à douze francs ; ce taux n'eût pas semblé excessif, même pour les assujettis vivant uniquement de leur travail qui, au moyen d'un prélèvement de moins 0,04 centimes sur leur salaire quotidien, auraient pu faire face au payement de l'impôt. Il n'y avait en fait rien d'anormal ni d'excessif à augmenter dans la proportion ci-dessus le taux de la taxe fixe.

D'autre part, au lieu de réduire de dix-neuf à trois années la durée du payement de la taxe, on aurait peut-être pu fixer une durée intermédiaire qui tout en ne présentant pas les inconvénients nombreux tant au point de vue de l'assiette que du recouvrement de la trop longue période antérieure, lui eût conservé néanmoins une certaine productivité.

Le législateur de 1898 ne s'est pas préoccupé de ce côté pourtant capital de la question, puisqu'il s'agit en définitive de la productivité de l'impôt ; il s'est borné uniquement à donner satisfaction aux réclamations qui s'étaient produites contre le régime institué par la loi de 1889. Si l'on en cherche la raison, on est amené à croire qu'il a considéré les réformes introduites dans l'assiette de la taxe connue un simple acheminement vers sa suppression définitive. Cette hypothèse se trouve confirmée d'ailleurs par le passage ci-après du rapport adressé par M. de Lasteyrie au Ministre des Finances, et qui montre dans quel esprit fut élaboré le projet qui est devenu la loi du 13 avril 1898.

« La Commission n'a pas cru devoir admettre la suppres-
« sion totale de la taxe militaire. Il ne faut point oublier
« en effet que la taxe a été établie en vue de fournir au
« Trésor une ressource nécessaire pour l'accroissement
« de nos charges militaires. Or, en inaugurant nos tra-
« vaux et en nous invitant à les conduire en toute indépen-
« dance, vous nous avez recommandé, Monsieur le Mi-
« nistre, de ne pas perdre de vue les intérêts du Trésor et
« de ne pas oublier que dans la situation de nos Finances,
« on ne saurait faire l'abandon complet de cette ressource
« qu'à condition d'apporter, en compensation, des recettes
« nouvelles. »

Il semble bien qu'on soit fondé à tirer de ce qui pré-cède cette conséquence que dans la pensée de ses auteurs la loi de 1898 n'a été qu'un acheminement vers la suppres-sion de la taxe dont le principe même est condamné. S'il en était autrement, et si elle consacrait un état de chose définitif, on ne pourrait, tout en reconnaissant, au point de vue de la simple équité, le mérite de certaines de ses réformes, que la considérer comme une loi fiscale très médiocre, car le rendement de l'impôt qu'elle a organisé sera loin d'être en rapport avec les difficultés d'application qu'elle présente, et l'impopularité devant forcément résulter des mesures transitoires édictées pour 1898 et dont nous avons présenté la critique dans un chapitre précédent.

Vu : l'Assesseur,
GÉRARDIN.

Vu : le Président,
DUCROCQ.

Vu et permis d'imprimer :
Le Vice-Recteur de l'Académie de Paris
GRÉARD.

TABLE DES MATIÈRES

ASSIETTE

SECTION I

RECOUVREMENT

SECTION I

SECTION II

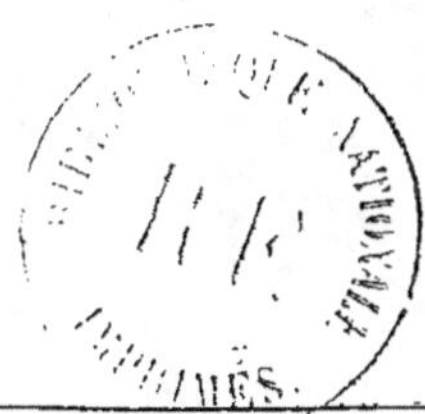